雑文御免《ざつぶんごめん》

浅生鴨

neconos

ネコノス文庫

嶋中さんへ

浅生鴨

2019.6.15

はじめにお詫びから

僕はものを残すのが苦手だ。頼まれて何かを書いた雑誌にしてもチラシにしても、時間が経てばどこへ何を書いたのか忘れてしまうし、忘れないようにと手元に残しておいたはずの現物だっていつの間にかどこかへ行ってしまっているし、ひょんなことから出てきても、なぜか目的のページだけ切り取られたり破れたりしている。あれはどうしてなのか。本当に謎である。

ＷＥＢに書いたものも、いつまでそのサイトが残っているかわからない。某社の公式アカウントを担当していた時分に、その某社のサイトやフェイスブックなどに書いていた文章は、多くが削除されていて今では読むことができない。

何かを残すことにそれほど興味はないし、ほとんどの仕事は残さないのだけれども、自分がある時期にどんなことを考えていたのかは、こうでもしないとなかなか思い出すことができないので、あちらこちらに散らばっている文章やら言葉の断片だけは、こんなふうに消えてしまうのであれば、いずれかのタイミングで一つにまとめておきたいと思っていた。

そう思いながら、しばらくは何もせずに放置していたのだけれども、今回たまたま機会を得たので、あれこれと手を尽くし、おそらく入手できるもの、許諾を得られたものはほとんど入手したように思う。

だからというか、ここには本来ならば到底他人に見せられるようなものではない単なる落書きや駄文や、まったく作品にもなっていない詩や句のまねごとまでが堂々と載っていて、まあ、はっきり言えばかなり恥ずかしい。

とはいえ、これはあくまでも僕が自身の記録のために集めたものなので選別するわけにもいかなかった。とにかくクオリティの低さには目を瞑っていただきたい。

少なくとも、例の公式アカウントで書いていた文章を、その一部とはいえ、何とか一つにまとめられたので、いくぶんホッとしている。

と、この文章を書いたあとで、集めた文章をまとめ始めたところ、とてもじゃないが一冊ではとうてい収まらないことが判明した。恐ろしいことに、どうやら二冊になってしまうようだ。最初からお詫びしておく。

浅生鴨

雑文御免　目次

雑文御免

浅生鴨

Zatsu - Bun - Gomen

by

Aso Kamo

2019

最後の瞬間に

エッセイ集『どこでもない場所』用に書いたが、ページ数の関係で収録できなかったもの。

何もないところに、と言ってしまうと少し失礼になるけれども、ともかくその小屋は周りにほとんど建物の建っていない幹線道路の脇にぽつりとあって、まもなく訪れる夕暮れとともに黒い影になろうとしていた。小屋の後ろへ目をやった僕の視界の中には雪の積もった白い平野が広がり、その向う側では白い冠を被った中央アルプスが先端を尖らせている。

細い丸太を組み合わせて造られたせいぜい五メートル四方ほどの小屋の重いサッシ戸を引き開けて中へ入ると、三方の壁にはベンチが作りつけられていた。人は誰もいない。

僕はベンチに腰を下ろし、小さな赤いキャリーバッグを足元へ引き寄せた。中央に置かれた石油ストーブが、ときおりパチッと何かの爆ぜるような音を立てている。

しばらく携帯電話などを触っていると車の駐まる音が聞こえて、一人の男性が小屋の中へ入ってきた。若い男性で、ベージュ色をしたつなぎのような服を着ていた。小さなナイロン製のバッグを肩に掛けている。

「長野ですか？」男性は言った。

「はい」と僕は答える。

その小屋は路線バスの待合所だった。バスは雪の積もる山間の小さな集落から長野駅までを二時間弱で結んでいる。

「切符はお持ちですか？」

「ここで買えるんですよね」そう聞いていた。

「ええ」男性はバッグのファスナーを開き、ひと綴りになったチケットを取り出した。蛇腹を開くようにして一枚を切り取り、僕に渡してくれる。

「もうすぐ来ますから。あと十分ほどです」

「何分間隔なんですか、バスは？」

「一時間半に一本です」

どうやら僕は運が良かったらしい。特に時刻表を調べて来たわけではなく、鉄道を使うとどんなに上手く乗り継いでも東京まで七時間ほど掛かることがわかったので、タクシーの運転手さんのすすめでバスを利用することにしたのだった。もしもバスが出た直後にここへ来ていたら、一時間半待つことになっていただろう。

「便利なんだけど、遠くから来た人はあまり使わないんだよね」年配の運転手さんはそう言って僕を小屋まで運んでくれた。「待っていれば、係の人が来るから」

そうしてやって来たのがベージュのつなぎを着た彼というわけだ。

つなぎの彼から切符を買い、再びベンチに腰を下ろしたあと、電池がもうあまり残っていなかったので僕は携帯電話をポケットにしまいこみ、ぼんやりとサッシの窓から外を眺めた。昼前からチラチラと降り始めていた雪はだんだん激しくなっていて、予報では東京でも今夜は大雪になるとのことだった。係の人はベンチに座らず、壁際に立ったままだった。

ふいにサッシ戸の向こうに人影が浮かび、戸が開かれた。若い男女がそれぞれ大きなボストンバッグを持って入ってきた。どちらも二十歳前後だろうか。男の子はボストンバッグのほかに大きなリュックサックを背負っていた。どこか幼い表情をした二人は、緊張しているかのように室内を見回した。もちろん僕と係の人しかいない。男の子はふうと大きな息を吐いて荷物を床に置いた。女の子は伏し目がちのまま口元を堅くしている。

「長野ですか?」係の人が二人に聞いた。

「はい」男の子がうなずいた。

「何枚?」

「二……」男の子がそう言い掛けた瞬間、その声を女の子が遮った。

「一枚です」泣き出しそうな小さな声だった。

男の子はびっくりしたように顔を女の子のほうへ向けた。係の人は不思議そうな顔で二人を見る。僕のいる場所からは彼女の後ろ姿しか見えないので、どんな表情をしているのかはわからなかった。

「一枚です」彼女は今度ははっきりとした声で言った。

「でも」彼が言う。怒っているような口調だった。

「だって無理だから。やっぱり無理だから」彼女はそう言ってからマフラーを巻き直し、顔の下半分を隠した。

もちろん僕は部外者なので本当のことはわからないし、勝手な想像をしているだけなのだけれども、たぶん二人は一緒に長野へ行く約束になっていたのだろうし、荷物の大きさから考えると、単純なお出掛けでもなさそうだった。小さな田舎の集落を離れて二人は長野からもっと先へ、さらに遠くの街へ行こうとしていたのかもしれない。

彼女はずっと迷っていたのだろうか。いつ「行けない」と言い出そうかと迷いながら、それでも大きなボストンバッグを用意して、彼と一緒にこの小さな待合所へやって来たのだろうか。それとも、ここへ来るまでは彼と一緒に行くつもりだったのだろうか。少なくとも切符を買おうとするその瞬間までは。

男の子はいったいどうするのだろう。僕はドキドキしながら二人の様子を窺っていた。彼は顔を彼女から背けてじっと黙っている。係の人が蛇腹になった切符の綴りを手にしたまま困ったように僕を見た。

もしも僕ならどうするだろうか。強引に彼女を連れて行こうとするだろうか。それとも、君が行かないのなら自分も行くのをやめると言うだろうか。あるいは自分だけでバスに乗ろうとするだろうか。僕にはわからなかった。わかったのは、二人が別々の道を選ぼうとしているということだけだった。

目の前で道が分かれているとき、僕は少しずつどちらかの道を選ぶわけではない。ギリギリまで前に進み、最後の最後にどちらかへ足を一歩踏み出すのだ。どれほど考える時間があるように思えることでも、結局のところ僕は最後の瞬間に選択をする。どんなに想像しても、いくら心の中で準備をしていても、その瞬間になってみないと自分がどう行動するかはわからないし、たいていの場合、自分がそれまで思ってもいなかった行動をとってしまう。

僕には同時に二つの道を歩くことができない。一つの道を選ぶことは、もう一つの道を諦めることだ。それでも僕は選ぶしかない。そうやって僕は生きていく。そしていつの日か、選ばなかったほうの道を歩く自分を想像し、後悔するのだ。

「長野まで、一枚で」絞り出すような声だった。最後の最後の瞬間に、彼は一人で行くことを選んだようだった。

本当にそれでよかったのか。別の道はなかったのか。それは誰にもわからない。もしかすると二人は、最初から違う道を歩いていたのかもしれない。今日でなくとも、いずれ別の道を歩いていたのかもしれない。それも誰にもわからない。

それでもきっと、この日の選択を彼はいつまでも後悔するだろう。そして、行くことを躊躇った彼女もまた、この瞬間をずっと後悔し続けるのだろう。

唸るようなエンジンの音を響かせてバスが到着した。僕は二人よりも先に小屋を出て、バスに乗り込んだ。曇った窓ガラスをパーカーの袖で拭い、外を眺めた。シューという空気が漏れるような音とともにドアが閉まり、バスは走り始めた。

小屋の外に立った彼女は顔をマフラーで隠したまま、ずっと僕たちの乗ったバスを見つめていた。

どら焼きの捕獲法

広げた新聞紙の中央あたりに角砂糖を二、三個ばかり並べ、周囲に小麦粉を少々散らしたものを準備します。

晴れた日の早朝、どら焼きが生息していそうな風通しのよい日陰に、直径二十センチ深さ十センチ程度の穴を掘り、先ほどの新聞紙をその穴の上に被せます。被せたあと、霧吹きを使って軽く新聞紙を湿らせておきます。

運がよければ夕方には、どら焼きが二、三匹ほど罠にかかっているはずですから、あとはそっと手で捕獲します。

捕まえたどら焼きは、竹で編んだかごなどで飼いましょう。

雌のどら焼きを複数同じかごに入れると、威嚇し合い、時には暴れてあんこが出ることがあります。

あまりにも暴れる時は、かごの中に細かくちぎった新聞紙と小麦粉を少々入れてやると、落ち着くことが多いようです。

なお、雄のどら焼きが暴れることは滅多にありません。

ラーメン、ラーメン、ラーメン

駅からそれほど離れていないところにその中華料理店はあった。閉じられたシャッターの並ぶ商店街から一本路地へ入った目立たない場所にある店の中には、少し埃っぽいような夏の臭いと、ごま油の焦げる臭いが立ちこめていた。

昼時を過ぎていたせいか店の中はがらんとしていて、僕のほかに客は二人しかいなかった。どちらも何度か顔を合わせたことのある客で、テーブル席が空いているのに、なぜか二人はカウンターに座ってそれぞれ同じスポーツ新聞を広げながら料理が出てくるのを待っている。僕は二人に軽く会釈をしてからテーブル席に腰を下ろした。

カウンターの向こう側では、白い帽子をかぶったいかにも中華料理人といったオヤジさんが、大きなお玉とヘラを持ち替えながら火に掛けられた中華鍋に手際よく食材を投げ込み、その横で奥さんが黙々と皿を洗っている。

「いらっしゃいませ」アルバイトの男の子が水の入ったコップを載せたお盆を静かに運んできた。テーブルの中央にそっとコップを置いて、ホッとしたようにお盆を脇に抱える。

「ご注文は?」そう言ってテーブルの横に掛けてある注文票を手に持った。ゆっくりとした動きだった。二十歳前後に見えるが実際の歳はわからない。いつも彼はゆっくり動く。いるのは昼だけで、夜に見かけることはない。

「じゃあ、Bランチを」

「はい、Bランチですね」彼は笑顔でそう答えると、僕の注文をゆっくり書き込んだ。注文票にはあらかじめ、大きな字で三と書いてある。

「大将、三番Bランチです」カウンターへ一歩近づき、書いたばかりの文字を確認するようにしっかり見ながら、彼は大きな声でメモを読み上げた。

「はいよ三番さんBランチ」大将が応えた。

注文を伝えたあと男の子はカウンターの前に立ち、オヤジさんが料理をつくる様子をぼんやりと眺めているようだった。次の客が来るまで彼にはやることがない。

客に水を出すことと注文を取ることだけが彼の仕事で、料理を運ばないのは、料理を見てもそれが何なのかがわからないし、どのテーブルが何番なのかも覚えていられないからだ。だから、できあがった料理を運ぶのは奥さんの役目になっている。

料理ができるのを待つ間、僕は目の前に置かれたコップのまわりに水滴がつくのを何となく見ていた。

ふいにガラス戸が開かれて一人の男性が入って来た。派手なアロハシャツにサングラス。きっと冬でもそういう格好をしているのだろうと思わせる雰囲気たっぷりの男性は、首をかくっと捻ってから店内をぐるりと見回した。

「何だよここ。店の中も暑いじゃねぇかよ、おい」

ガタン。男性はわざと大きな音を立てるようにして椅子を乱暴に引き、僕のすぐ正面にあるテーブル席に座った。この手の人はなぜかいつも不機嫌だし、機嫌のいいときでも不機嫌そうにふるまうのだ。カウンターの二人は男性をチラリと見てから再びスポーツ紙に目を戻す。関わり合いになりたくないと背中で主張していた。

「もっとクーラーかけろってんだよ、なあ」

どうやら僕に話しかけているようだったが、特に答えを求めているわけでもなさそうなので、僕は男性と目を合わせないよう少しだけ体を横に向けた。男性は両手でテーブルをパンパンと叩き、アルバイトの男の子に向けて顎をしゃくった。面倒くさいなあと僕は思った。強面を装ってはいるのだけれども、本当に怖い人はこんなふうに威嚇をすることはない。

「いらっしゃいませ」男の子が水の入ったコップをそっと置いた。男性は黙ったままコップを手に取り水を一口飲んだあと、壁に貼ってあるメニューを見上げた。

男の子は注文票とペンを持ち、その場に立っている。

「なんだかあんまり食いたいもんがねぇなあ」男性はわざわざ大声でそう言い、また首をかくっと捻った。だったら何も食べずに帰ればいいじゃないかと僕は思うのだが、もちろんそれを口に出すわけにはいかなかった。言えば間違いなくややこしいことになる。

「ご注文は？」男の子が訊いた。カウンターの向こう側でオヤジさんが体を固くするのがわかった。

「ああん？　ラーメンだよ。ラーメン、ラーメン」男性はなぜか怒ったような口調でそう繰り返したあと、チッと舌打ちをした。

「はい。ラーメン三つですね！」男の子が明るく答える。何の躊躇いもなかった。

それを聞いて、僕は思わず噴き出しそうになった。

「ああ？　違うわ！　一つだよ、一つ！」慌てた男性が声をあげた。

「え？」男の子がわざと言っているのか、それとも本当にそう思ったのかはわからないが、どちらにしても男性があの手この手で醸し出そうとしている、いかにもそれ風の強面な態度はまるで通用していなかった。まちがいなく男の子のほうが強かった。

「そりゃそうだろ。バカかお前。一つだよ、一つ、一つ！」

「はい。一つ、一つ、一つ」

「だから、ラーメン一つなんだよ！」男性の声が裏返った。

ふと見ると、カウンターに座る二人の肩が小刻みに震えている。

男の子はゆっくりメモを書き込み、カウンターへ一歩近づいた。

「大将、四番ラーメン一つです」

彼がカウンターの奥へ向かって大きな声でメモを読み上げるとオヤジさんは黙ったまま頷いた。僕にはその口元が少しだけ緩んでいるように見えた。

創猫記《ジェニャシス》

初めに、猫は天地を創造された。猫は言われた。

「エサあれ」

こうして、エサがあった。猫はエサを見て良しとされた。猫はドライフードとウエットフードを分け、ドライフードをカリカリと呼び、ウエットフードを猫缶と呼ばれた。モンプチがあり、フリスキーがあった。第一の日である。

猫はまた言われた。

「水を分けよ」

こうして、水があちらこちらに分けられた。猫は大きな水を見て言われた。

「シャーッ」

小さな水を見て良しとされ、口をつけられた。猫は舌の先ですくうようにして水を飲まれた。夕となり、また朝となった。第二の日である。

猫は言われた。

「地は背の低い草を生えさせよ」

こうして、地は背の低い草を生えさせた。猫は草を見て良しとされた。カラスムギとエノコログサを選び分け、猫草と名づけられた。

猫は猫草をゆっくり食べたあと、吐かれた。吐かれた猫草の中に毛玉が生まれた。夕となり、また朝となった。第三の日である。

猫はまた言われた。

「地から天にやわらかい壁あれ」

そのようになった。壁がやわらかくそびえ立ち、猫はそれを見て良しとされた。大きな壁の角に首をすりつけられ、小さな壁で爪を研がれた。爪を研がれたあと、前脚をペロペロとなめられた。夕となり、また朝となった。第四の日である。

猫はまた言われた。

「水の中には魚、大空には鳥あれ」

猫は魚と鳥を集め、フィッシュ味とチキン味の猫缶とカリカリをつくられた。猫は味を見て良しとされた。特にマグロの猫缶をお気に入りとされた。

猫はこれらを祝福して言われた。

「増えよ、増えよ」

夕となり、また朝となった。第五の日である。

猫はまた言われた。

「われわれを世話する者をつくろう」

猫はすなわち人を創造された。猫は彼らを祝福して言われた。

「餌を用意せよ。トイレ掃除をせよ。首の後ろをなでよ」

夕となり、また朝となった。第六の日である。

こうして天地と万象が完成した。

猫は第七の日に休まれ、それからずっとゴロゴロされた。

何もできない日

　クリスマス休暇や旧正月が休みになるところは多いけれど、正月というか年越しというか、西暦の十二月末から一月初めの年号が変わるタイミングをこれほどみんなが一斉に休んで過ごすところは、日本以外にはあまりないんじゃないだろうかという話になった。いろいろな国の人とやりとりをしていると、僕もそんなふうに感じる。クリスマス前後はまるで連絡がつかなくなるヨーロッパの人たちが年末あたりから動き出して、一月一日には普通に仕事をしているなんてことはざらで、どうもこちらの調子が狂ってしまう。

　そんな話をしながら、でも本当に僕たちは年末年始を一斉に休んでいるんだろうかという疑問が頭に浮かんだ。

　いつだったたか、僕はちょうど旧正月のタイミングを台湾で過ごしたことがある。前日の昼までは買い出し客で街や駅が埋めつくされているのに、いざ旧正月に入ったとたん、数日間まったく買い物ができなくなるくらいどの店も閉まるし、街からも駅からも人の姿が消えて閑散とする。街から音が無くなるのだ。音が変わると街の印象は大きく変わる。聞けば多くの人が田舎で家族と共に過ごすために帰省するのだという。ちなみに同じく旧正月を大切にしている中国では、その時期十億人以上が帰省のために移動するというから、やっぱり中国というのは桁が違うなと驚く。

プラハではクリスマスを過ごしたのだけれど、同じように街中の店が閉まって、やっぱりまるで何もできなくなった。要するにこの日はもう街に出てくるのではなく、家族や友人と過ごせということなのだろう。外国でそういう特別な日に出くわすと、本当にやることがないので、ブラブラと何もない街を歩くか、部屋にこもって本を読むくらいしか選択肢がなくなる。でも、そんなふうに何もしない日というか、何もできない日が設定されているのは、あんがい悪くないことだと、僕は考えている。

僕が小学生のころだから、もう四十年近く前のことになるけれど、日本の正月だって台湾の旧正月のように静かだったような記憶がある。ふだん、知らず識らずのうちに耳にしている音が消えて、いつもとは違う音が聞こえていたように思う。たぶんみんなで一斉に休んでいたのだろう。いつしかその正月は、何か必要になればすぐ手に入る正月になった。たしかに便利この上ないし、そのために自分の時間を犠牲にして働いている人たちがいることには感謝するばかりなのだけれども、命や暮らしに関わらない程度に、みんなが一斉に休む日があってもいいんじゃないかな、何もできない日があってもいいんじゃないかなんてことを思うのだ。

そういえば去年の旧正月は韓国の平昌にいた。やっぱりみんなで一斉に休むのかと思っていたら、昔ながらの商店街の一部は休んでいたものの、あとはどの店もちょっと飾り付けをする程度で、いつもどおりの営業を続けていたから、ずいぶん拍子抜けしたのを覚えている。

もちろん違っている面も多いけれど、それでも大きく括ると、アジアの中で韓国と日本はわりと似ているよなあといつも思う。

ゆっくり歩いて行こうと思っていた

東北にときどきぶらりと訪ねて行く小さな港町がある。その町には何人かの友だちが住んでいて、うまく時間が合えばいっしょに食事をしに行くこともあるし、夜遅くまでバカ話をすることもある。誰の都合もつかなければ一人で町の様子をなんとなく眺めてから、お決まりの土産物を買って帰ることになる。そんなふうにして僕はその町を訪ねている。

そこに今月いっぱいでひとつの役割を終えようとしているラジオ局がある。五年前、町の人たちが中心となって、震災からわずか四十一日後に開局した臨時災害FM局だ。どうしても伝えたいことがあるのだという強い思いから、地元の人たちがたどたどしく始めた放送も、気づけばもう五年近く続いていることになる。何かを大げさに語るのではなく、理想論を振りかざすのでもなく、ただ町と一緒に歩もうとした小さなラジオ局は、色も音も失いかけていた町に若者たちの明るい声を届けてきた。

いよいよ放送が終わると聞いた多くの人から「とても残念だ」「続けて欲しい」という声が届いているらしい。でも僕は終わることを知って、どこかホッとした気持ちになっているというのが正直なところだ。

立ち上げをほんの少し手伝ったことがきっかけで、僕はそれまで縁もゆかりもなかった港町にときどき遊びに行くことになったのだけれども、ラジオ局に関して言えば、立ち上げたあとはイベントなどを手伝うくらいの関係で、たまにスタジオを覗いたり、メールのやり取りをしたりはするけれども、特にこれといったことはしていないし、たいして役に立ってもいない。そんなわけで、あのラジオ局についていて僕に話せることはほとんどないし、話す資格もないと思っている。

だから当事者たちが見れば、なんと好き勝手なことを言っているのだろうと怒られてしまうかもしれないけれど、終わると決まって僕は本当に心からホッとしたのだ。これでようやく彼らもあの日から解放されるのだという気がしたのだ。

東京などにいるスタッフからそれなりのサポートを受けていたとはいえ、人員も資金も不足する中、わずかなメンバーだけでほとんど休むことなく五年近くも放送し続けるというのは本当にすごいことで、いわゆる大手のメディアにもなかなかできることではない。たぶんあのラジオ局は、多くのものを失った彼らにとって、自分たちがここにいるのだと実感できる大切な場所になっていたのだろう。だからこそ、毎日たいへんな思いをしながらも、これまで続けることができたのだ。僕はそう思っている。

でも、臨時の放送局はあくまでも臨時の存在なのだ。町は前へ向かって進み出している。まだその歩みは小さいけれど、五年という長い長い助走期間を経て、ようやく、そして確実に前へ向かって進み始めている。

そしてその歳月は同じように人も変えていく。

高校生だったスタッフたちはもう社会人や大学生になっているし、子供の生まれたスタッフだっている。誰もが新しい道を歩き出しているのだ。そんな中で、いつまでも「臨時」「災害」という名のつく放送局が残り続けてはいけないように僕はずっと感じていて、だから終わるのはいいことだし、もっと早く終わってもよかったんじゃないかとまで考えている。

五年という時間は、その町で暮らす人たちだけではなく、僕たちのこともずいぶんと変えたように思う。

ときどき東北へ行くことを話すと「復興支援をされているのですか」と聞かれることがある。「ただ遊びに行っているだけですよ」と僕は答える。「友だちを訪ねているだけですよ」と僕は答える。そう。僕は復興支援などしていない。

大きな被害にあった地域が日常を取り戻すには気の遠くなるほどの長い時間がかかるだろう。あの日、僕が最初に感じたのはそういうことだった。だから夢中にならないと決めていた。全力疾走していく人たちのあとを追わず、僕はゆっくり歩いて行こうと思っていた。どうすればゆっくり関わっていけるのかはわかっていなかったけれども、そうでなければ僕には続けられないだろうということだけは、自分でもわかっていた。

それでも初めのころは僕の中にも、わかりやすく役に立ちたいという思いがあったはずで、だから僕はラジオ局の立ち上げを手伝ったのだろう。いやらしい言い方をすれば僕の中にも強い「支援欲」があったのだ。あまりにも大きな災害のどうしようもない虚無感の中で、自分が良いことをしているという満足感に酔おうとしていたのだ。そして、町に何人かの友だちができたおかげで、僕はその酔いから醒めることができたのだろうと思っている。

五年が経ち、何もかもが失われた場所には今、新しい町がつくられようとしている。訪れるたびに町の姿はどんどん変わっていく。こんなおもしろい体験は、そうそうできるものじゃないし、何よりも友だちが町づくりに関わっているのだ。だから僕はその町へ行く。もう何かの役に立つ気はない。その町へ行くことが楽しいから行くだけのことだ。

ゆっくり関わっていくための方法を見つけるには、少しばかり時間がかかったけれども、今ではもうわかっている。自分が楽しめることを、できる範囲でやる。けっして無理はしない。それが今の僕のやり方だ。

メディアは年に一度だけ、広げた地図の上に被災地という地名を書き込み、そこに暮らす人たちに被災者という名前を張りつけて、神妙な顔を見せる。テレビカメラに切り取られた映像を見た人たちは「あの町って、もう復興したんですね」と無邪気に言う。「ずっと忘れない」と言っていた人たちも、すっかり忘れている。それをもどかしく感じる人もいるだろう。でも、そういうものだと最初からみんなわかっていたはずだ。人は忘れるものだし、関心は長くは続かない。ものごとは流行れば流行るほど、速く忘れられてしまう。だから僕はゆっくり歩こうと決めたのだ。

あの時、被災地の復興支援という大きな旗を持ってそれぞれの場所へ向かった人たちが、少しずつ東北から離れ始めていると聞く。支援の旗を振り続けるには体力がいるし、お金だって必要だ。「支援」だとか「支える」といった言葉を張りつけた瞬間に僕たちの行動は特別なものになってしまう。特別なものは永久には続かない。どんなときでも僕たちは今ここにいる。過去や未来にはいられないし、ここではない場所にいることもできない。何かを忘れずにいたいと思うのであれば、今ここでやるしかない。あたりまえのことにするしかない。

だから僕は支援などしない。ときどき友だちに会いに行くことや、メールやSN

Sで馬鹿話をしたり、愚痴をこぼしあったりすることは支援なんかじゃない。僕はただ、その町の人たちと友だちになったというだけで、それ以上でもそれ以下でもない。

友だちが住んでいるから訪ねる。おもしろそうなイベントがあれば見に行く。祭りが開かれるときに参加する。旬のものが美味しそうだから食べる。それは支援活動なんかじゃなくて、僕にとっては日常生活の延長でしかない。本を読んだり、ライブに出かけたり、映画を観たりするのと同じことで、楽しければ続けるだろうし、飽きればやめるだけのことだ。

その港町は五年という歳月をかけ、いつのまにか僕の日常に紛れ込むようになった。ぶらりと遊びに行き、ときどきメールを送っては、たまには名産品を取り寄せる。そんなことを続けているうちに、その町は僕のふんわりとした日常の一部になった。それがいつまで続くのかはわからないし無理に続けようとも思わない。これからも僕は自分のやりたいと思うこと、自分が楽しめることをやるだけだ。他の人たちがどう考えているのかは知らないけれども、それくらいの関わり方が僕にはちょうどいいし、それしか僕にはできないのだ。

もうすぐ春が来る。三月いっぱいでラジオ局の放送が終わっても、町はいつもと同じようにそこにある。僕の日常の延長としてそこにある。それはふとしたときに故郷を思いだすのに近い感覚なのかもしれない。第二の故郷なんて言うと、どうも嘘っぽいし、僕自身も本気でそうは思っていないから、歯の浮くようなことは言わない。それでも「ただいま」と言えば「おかえりなさい」と迎えてくれる人たちがいる場所があるのはとても嬉しいことだし、故郷はいくつあっても構わないと思う。

だから僕はまた「ただいま」を言うために、あの港町へ行くだろう。それは復興支援などではない。いつもと変わらない僕の日常だ。放送が終わって時間のできたラジオ局のスタッフたちが、きっと美味いものを食べさせてくれるに違いない。さあ、そこまでゆっくり歩いて行こう。

（初出　『ポリタス』特集「3・11から5年――それでも」
二〇一六年三月）

向こうの都合

そもそも理系と文系という日本独自の分け方そのものがナンセンスだし、誰であっても自分は文系だと言えば「なるほど文系か」、理系だよと言えば「ほう理系だったのか」と勝手に納得する程度のものなのだ。急にこんなことを言い出したのは、お前は理系なのか文系なのかと訊かれたからなのだが、僕自身はそういう区別でものを考えないので答えようがない。

あらゆる学問はどちらでもありどちらでもなく本来区別など出来ないのに、日本ではわざわざそれを分けたがるのは、おそらくそのほうが都合がいいからで、そしてたいていの場合、その都合は分けられる側ではなく分ける側にある。今の都合が行き詰まれば、やがて文文系文理系理文系理理系とさらに分類を増やすだろう。

ものごとの多くはこちらではなく向こうの都合だと知れば、言っている者にとって都合のいい話は話半分、どれも血液型占い程度に考えればよいとわかる。

そういえば、銀行がやたらと金を借りろと言ってくる。今は必要なくとも一度借りてすぐに返しておけば実績が溜まり、借りたいときに借りやすくなるからなどと、もっともらしい理屈を並べるが、あれもまた、こちらではなく向こうの都合に過ぎない。

どうせ借りるのなら、課長部長支店長を目の前に「そこまで言うのならば数億ばかり借りることにしよう。週末のレースで、確実に倍にして返すから心配は要らない」などと言ってみたいところである。もちろん一円たりとも返せるはずもないが、それはこちらの都合である。

旅に正解なんてない

ここのところ僕は旅に出ることが多くて、そのときどきに考えたことをツイートしていた。自分が旅について何をどう考えていたのかを、旅先で何を感じていたのかを一処にまとめておこうと思い、残っていたメモを集めてみた。

同じことを何度も何度も繰り返し書いているから、たぶん僕は旅について、こんなふうに考えているのだろう。

●自分がリセットされるという話はよく書いていた

この三年くらい、自分の意思に関係なく、自分の希望にも関係なく、ただ闇雲に次から次へと旅に出る羽目になったことは、すごくよかったなあと思う。ひと月おきに自分がこれまで身につけて来たことや暮らし方の癖がリセットされ続けた結果、空っぽが僕の素の状態になったような気がする。

ほとんど何も決めず、ほとんど何も持たずに旅に出ると、びっくりするくらい無力になった自分がむき出しになるし、状況に流されているうちに、お腹の底のほうに動物的な確信のようなものが生まれてくるから、おもしろい。肉体の癖と精神の癖が消えていく感じ。

自分の知識や経験がまるで役に立たない旅であればあるほどよい。このゼロになる感じ、無力になる感じは、四十代半ばで暮らしをリセットするのにもどこか似ているように思う。

もうすぐ次の旅に出るので旅のことをぼんやりと考えている。旅に出て、言葉も含めてそれまでの経験やスキルがまるで通用しない場所に身を置くと、いつしか身についた癖のようなものが抜けて、動物としての自分が表に出て来るような気がするので、僕はできるだけ事前準備はしないようにしている。

まあ、どれだけ事前準備を丁寧にしても、なぜかいつも面倒なことに巻き込まれる体質なので、最初から諦めているって面もある。あと、こうやって一か月おきくらいの間隔で日本を離れると、日本国内で流れている本当にどうでもいいニュースにはまったく関心がなくなる。もともとあまり関心ないいんだけど。

●ときどき、おすすめもしていた

行き先も目的も決めないぶらり旅、おすすめです。たぶん、行き先も目的もないことじたいに慣れるまでに数日かかると思いますけど。

旅先にいると、凝り固まった過去の自分を手放し易いから、みんなもっと旅をすればいいと思うよ。

二十代のパスポート取得率がたったの六%っていうことに驚くと同時に、なるほどそれじゃしかたがないなと、あれこれ腑に落ちることもある。今はもうバックパッカーなんて流行らないのかなあ。楽しいのに。

これは海外に限らないけれど、旅に出ると「へぇ。世の中、いろいろあるんだねえ」ってことを自分の肉体で知るおもしろさがあるんですよね。自分の中に他者が増える感覚。視点が増える感覚。映画や本やテレビやネットだけでは獲得できない肉体感覚。

僕はとにかく巻き込まれ体質で、だいたいどこへ行ってもややこしいトラブルに遭うから「肉体で知る」の意味がちょっと違ってるやも知れぬ。

●旅先でのちょっとした話

僕は記念品のようなものには興味がなくて、旅に出ても自分にお土産を買うことはあまりないんだけど、交通カードとスタバのカードだけはなんとなく残している。これはプラハのカード。スタバのカードはたぶんこれで二十枚目くらい。

ひとり旅の欠点は、顔はめパネルにトライしづらいこと。

僕はたぶん、何も気づかずに渡ってから、そこに橋があったことを教わって驚くタイプ。

いろいろと自覚した旅でした。わかったことが二つだけあります。一つは、僕には生活能力があまりないということ。もう一つは、みんなガンダムをカタカナで発音しているということ。そして最後の一つは、僕には生活能力があまりないということです。

最終日の午後、つなかんの玄関で自分の靴が失くなった代わりに、色違いのよく似た靴が残っていて困ってたんだけど「試しに履いてみたら？」と言われて、しかたなく履いてみたら、びっくりするほどぴったりで、「あ、これ僕の靴だ」とわかったときのショックはいまだに消えない。

●行きたいのか行きたくないのか

出不精で、ずっと家でゴロゴロしているのを至上の喜びだとする僕だけど、ときどき旅に出るのはあんがい悪くない。

本当は旅などしないでずっと家でゴロゴロしていたいんですけどね僕は。

そうか。僕は暮らしのほとんどが方向音痴のようなものだから、ずっと一人旅をしているのに近いんだな、きっと。

旅に出る前からすでにホームシックにかかっている。なんだよこれ。
いつかは人間と犬との「チョイ住み」もやってみたいんですよね。

●旅先でもずっと同じようなことを考えていた

旅と時間についてあれこれ考えている。元の自分にしっかりとした時間が流れていなければ、旅に出てもその土地に流れる時間と交換できるものが何もない。他方、自分の時間を頑に保ち続けようとする人はただ空間を移動しただけになる。

ガイドブックって便利だけど、結局そこに書かれているのは、元々の場所での日常や価値観に基づいたものだから、意識的に手放さないとその土地が見えてこない気がする。もちろん便利だから使うけど、一番いいのはその場で聞くことだと思っている。

いかに混ざり、いかに受け入れるか。その瞬間、空っぽになれるか。元の日常を持ち込むのではなく、旅先で新しい日常をつくるって感覚かなあ。それを再び持ち帰ることで、元の場所にまた新たな日常がつくられていく。だから僕はガイドブックにあまり頼りたくないんだよね。

旅に出るたびに思う。旅に出るだけで、もう旅の目的はほとんど達成されている。あとは自分に流れる時間と旅先に流れる時間を交換すればいい。知らず識らずのうちに染みついている癖や技術やノウハウがまるで役に立たない場所に立つと、ものすごく臆病で不器用な自分に気づくからおもしろいんだよねー。

「自分の国が好きで何が悪い」という発言についてのツイートをちらほら見かける。いろんな国をブラブラ歩いてきた僕は、「自分の国」のない人、「自分の国」と言える時点で、とても幸せなのだと思う。世界には「自分の国」「自分の国」にいられなくなった人、どこが「自分の国」なのかわからない人がたくさんいる。

あ、これが旅だ！　これが旅人だ！　とようやくわかった。その土地で脈々と流れ続けてきた時間を、入れ替えてきたのが旅人。経済も文化も言語も争いも旅人なしには始まっていない。

正直に言う。僕はヒデがサッカーを辞めて旅人になると聞いたとき、どこか少しバカにしていた。でも今ならはっきりとわかる。旅人は自由であり、恐怖であり、媒体であり、人間の強さと無力さを同時に持つ存在なのだと。ヒデごめん。僕は全然わかってなかったよ。

旅は空間移動だと思いがちだけど、実は時間移動なのだ。旅はその土地で流れた時間を体に取り込む作業なのだ。

日常の細々としたことに、その国の歴史や文化、ものの考えかたが案外と宿っているんですよね。

その「流通していないもの」どうしを引き合わせるのが、きっと旅人なのだと思う。

●旅の準備

きのうは一ドル＝一一七円だったのが、トランプさんの会見をうけて、一気に一ドル＝一一四円まで上がったから、この調子でいけば一ドル＝〇円になって、ただで海外旅行ができるし、そのうち一ドル＝マイナス一一七円になって、なんだかもうよくわからなくなるね。

旅の支度が終わらない！　……というか、まだ始まってもいない!!

さて、旅支度を終わらせよう。ジャマをしに来るのはねこ社員。

旅の支度中。機材が多いときはこれ（タコの足のように、差し込み口が枝分かれしている電源タップ）が便利なんです。普通のタップだと大きな電源アダプターどうしはぶつかってうまくソケットに差せないんだけど、これなら問題なし。

出張にパソコンを持って行くの、そろそろやめようと思っている。僕が働き出した二十五年ほど前は、パソコンなんか持っていかなくても、ちゃんとうまくやれていたんだし。旅のお供はペンとノートとフィルムカメラってのはどうだろうか。どうだろうな。

ひゃー、今から旅支度だよ。防寒具とかどうするんだよ！　たぶん寒いぞプラハ。かぜひくぞ。あ、そうか、パーカーを二重に着ればいいのか!?

そういえば「外国への旅に必ず持って行くものってなんですか？」と聞かれたので。白だし、めんつゆ、醤油、味噌、カットわかめ、コーレーグースはだいたい持って行きます。あと、パスポート。ヨーロッパだと柚子胡椒も。自炊に使うだけじゃなくて、現地で知りあった料理好きな人にあげると、とても喜ばれるんです。

数日後また旅に出る。こんどの場所は極寒らしい。体感温度マイナス三十度だと聞いてすでに震えている。防寒具を買った。厚手の靴下も買った。スーツケースにパーカー三枚とホッカイロを入れた。これで大丈夫なはず。

●ちゃんと出発する

今回の旅、僕はまず「気仙沼へ行くための車にちゃんと乗る」というところからが冒険なのだ。

僕は今日、旅に出るつもりだったのですが、出発は明日でした。閉じたスーツケースを一度開けます。こちらからは以上です。

●旅の理由

旅に出るのに必要なのは「旅に出たい」という気持ちだけ。旅に出るための理由をあれこれ考える必要はない。目的地も経路もとりあえずは適当で構わない。まず旅に出てしまう。あとのことはそれから考えればいい。人生だって、たぶんそんなもんだと思う。気づいたらもうとっくに漕ぎ出しているのだから。

そう、旅に正解なんてない。

過去いろいろなところへ書き散らしたもののうち、生物の生態や雌雄の見分け方、飼い方などについて書いたデタラメ文章をひとまとめにしてｎｏｔｅに掲載したところ、「浅生鴨　一九七一～二〇二」というインチキ格言シリーズも一つにまとめて欲しいと言われたので、これまた全てが残っているわけではないのだが、できる限り集めてみた。

インチキだけど、ときどき、いいこと言ってるような気もする。

インチキ格言集　(浅生鴨　一九七一～二〇〇二)

「何があってもハッピーターンを湿気らせてはならない」

「スケジュール帳は、空白が多ければ多いほどいい」

「人はひどく怒っているとき、何かを待つことができなくなる」

「お布団からの退団は常に拒否したいものである」

「何を言うか、にその人の知性が表れる。
何を言わないか、にその人の品性が表れる」

「人は、くだらないときには、くだったほうがいいと考えるが、
くだったときには、なんとかくだらずにいたいと願うものだ」

「アイス四個は腹をこわすものである」

「お前が箱の中の猫を覗く時、
猫はお前など見ちゃいないのだ」

「買うまでが読書だ」

「関西人の中にも納豆を食べる者はいるし、
それどころか納豆を好む者さえいる」

「上質な音楽を聴き、上質な絵を目にしなさい。
上質な笑いで暮らしを包み、上質な文章で手紙を書きなさい。
上質な味を知り、上質な旅をしなさい。
あなたが吸収したものと、あなたが放つもので、あなたは創られるのです」

「新しい爪研ぎを与えられた猫は、
興味深そうに爪研ぎへ近寄ったあと、すぐそばの壁に爪を立てる」

「全てのコンダラは重い。軽いコンダラなど存在しない」

「靴下は左右が揃っているほうがおかしいし、たいていは仕事場に着いてから、気づく」

「メガネを探している人は、なぜか『メガネ、メガネ』と二回言う」

「ホールで食べてこそケーキ」

「たとえいつであろうとも、あなたがフライを食べれば、その日はフライデーなのである」

「金曜日は、月曜日の始まりである」

「選挙に政治を持ち込むな」

「犬はグローバル。猫はユニバーサル」

「たとえそれが誰であろうとも、知っていることよりも知らないことの方がはるかに多いものだ」

「鍵をしめた扉は開かない」

「胃カメラと大腸内視鏡を同時に入れて、途中のどこかで『やあこんにちは』ってお互いを映しあうのが夢です」

「バカはグローバル」

「愚か者は部屋の隅っこで味のりを舐めておけ」

「誰かが、ほーら、化けの皮が剥がれたと言う場合、たいていは剥がれたのではなく、そう言った人が自分で相手の化けの皮を剥がしている」

「音楽にアスパラガスを持ち込むな」

「興味がないのなら、わざわざやらなくてもいい」

「へたなドキュメンタリーは、登場人物の心情を上っ面のナレーションで語ろうとする」

「眠っているとき以外は、だいたい眠い」

「酢飯を握ったものに生魚の切り身を乗せるとお寿司っぽくなる」

とっくに誰かが

オリジナリティというものについては、そんなものはないというのが僕の基本的な考えだし、そもそもオリジナルであることがそんなに大切なのだろうかとも思っている。似たような内容で何度もツイートしているが、とりあえず見つかったツイートをまとめておく。他にもあれば追記するかも。

「あの企画、俺の方が先に考えてたのに！」と怒る若者に「形にしてもらえてよかったじゃん」なんてことを言うと余計に怒るから難しい。けれども、考えるよりも形にするほうが何倍もたいへんだとは知っておきたい。

僕たちが何か新しいことを思いついたとき、たぶん世界中で一万人くらいは同じことを思いついているだろうけれども、それをちゃんと形にできる人は、ほとんどいないのだから。

頭の中にあるものって外に出せば出すほど、なぜか前よりもっとたくさん補充されるようになるから、出し惜しみなんかせずにどんどん出していったほうがいいし、誰かに取られたらどうするだとかパクられたらどうするだとか、そんなことを言う人はけっきょく自分では何もやらない人なので相手にしなくてもいい。

パクる人にはそれしかない。その人はその一回だけ。こっちはまたゼロから新しいものをつくればいいのだ。

誰もやっていないから、これはもう自分でやるしかないなあと思って、それなりに長い時間をかけて丁寧に準備してきたことが、ようやく形になり始めた矢先に、他の人があっさりそれを形にしちゃったものに出くわすことは多いし、僕がつくろうとしていたものよりも遥かに出来が良いことも多いので、人生って本当に予測不能でおもしろい。

悔しい気持ちが無いわけでもないけれど、より良いものが世に出るのならそのほうがいいと思う。ただ、これまで準備してきたものをどうするかは悩むところ。

たまたま見たり読んだりしたものが、いま自分がつくっていたり書いたりしているものに似ていることに気づけば、やっぱり凹む。別に似ていることで凹むわけじゃないのだ。

僕に考えつくようなことは、どっちにしたってとっくに誰かが考えついている筈なのだから。それよりも、ここまでやった企画を一から全部やり直す時間と手間を考えて凹むのだ。

緻密さと善し悪し

『伴走者』の夏・マラソン篇では、競技に関しては案外と緻密な計算をしている。書いている時には、唯々想像のコースを走っているので、様々なできごとは起こるにしてもタイムはあやふやだったし、周りにいる選手は見えているから良いけれども、勿論見えているといっても想像の中で見えているわけだが、其の他の選手達が今何処をどの位のスピードで走っているのかは判らなかった。

僕は若い頃に時々中距離を走っていたので、其のタイム感覚で書いていたが、そうすると異常なハイペースマラソンになってしまう。

其処で一度総て書き上げた後、陸上の専門家やマラソン選手、勿論実際の伴走者達にも見て頂き、タイムと距離についてのアドバイスを貰い、其のアドバイスを元に、何キロの地点でどんなできごとが起き、タイムは何分何秒でペースはキロ当たり何分、他の選手は何処に居てどんなペースで走っているなんて事を架空のマラソンコースを設計した地図に書き込みながらエクセルで表を作り、最終的な校正をした。

『伴走者』は、あくまでもフィクションなので、基本的には在り得ない事を書いている。在り得ない事を在り得る事として、自分自身が納得する為にも、読者に受け入れて貰う為にも、せめて競技の部分だけはリアルに寄せておきたかったのだ。

其の時に、そう云えばと思いメロスが走った時のペースを検証してみた。『伴走者』を読まれた方はお解りだろうが、幾つかの文章はあの作品へのオマージュとなっている。

ところが此れがどうも怪しくて、ちゃんと確認しながら計算すると、若しかするとメロスは歩いていたのではないかとか、此の人は相当うっかり者なんじゃないだろうかとか、色んな疑惑が出てくるものだから、凡そ小説に於いては、やはり作品の善し悪しと緻密さとは関係が無いのだと思ったし、僕はよく伏線を回収するしない問題を問われるのだが、感情と物語が動いてさえいれば、僕にとっては伏線なんてどうでもいい事なんだと再認識できたので、其れは其れで良かった。

映ったものしか届かない

数年前から繰り返し言っていることだけれども、この先何十年かのうちに、また音の時代が来るんじゃないかなと僕は思っている。

映像には情報を早く広く届けることが出来る強い力がある一方で、映ったものしか伝えられないという欠点がある。

一輪の花を映したカットは、そのままでは画面に映っている一輪の花以上の情報を持っていない。

優れた映像作品は、そこにモンタージュを重ねてカットに新しい意味を与え、さらに音を加えることで見る者の想像を、映像の枠の外側へ広げている。映像は感覚を刺激し、音は想像と記憶を刺激する。

僕は「これはすばらしい」と思った映像作品は、出来るだけ無音で見直すことにしていて、そうやって見直すと、音がいかに想像力を刺激し、感情をつくりだしているかがよくわかる。音は偉大なのです。

今は視覚を中心にしたコンテンツが溢れているけれども、人は同時に二つのものを見ることは出来ないから、必須、互いに目を取り合うことになっている。視覚情報はもうとっくに飽和しているのだ。

その点、音は情報量が少ないぶん、すっと隙間に入り込む力がある。とはいえ、視覚を埋め尽くした上、さらにその隙間に音をねじ込もうということではない。視覚を刺激することを止め、もっと音の特性を活かすことに特化したコンテンツが出てくるとおもしろいなと思っているのだ。

4Kやら8Kやらで精細に撮影した小川よりも、静かなせせらぎの音から想像する小川のほうが美しいこともある。

最近、ラジオやラジオ的な配信を聴く人が増えているというのは、視覚情報の飽和とあながち無関係でもないように思う。

どんなコンテンツがおもしろいのかは、僕にもまだわからないけれど。

あの波が去って
全てはゼロから始まるんだと
言った彼は父親の顔

古本屋

小学生のころ、僕は一軒の古本屋によく通っていた。

自宅のある山を下りて三十分ほど歩いた住宅街の外れの路地にあったその小さな古本屋は、いつ行っても客がおらず、棚に並べられた本も入れ替わっていないように見えた。

天井までみっしりと本の詰まった棚から、気になるものを抜き出し、狭い店内の奥にあるカウンターに置くと、店主がふんふんと言いながらベージュ色の紙で包んでくれる。

小学生の僕にとってはかなり年配に見えていたけれども、いま思えば店主はまだ四十代だったのではないだろうか。白髪だらけのボサボサの髪と無精髭を整えることもなく、いつもよれよれの茶色いジャケットを軽く羽織って、店の奥でぼんやりと本を読んでいた。

古本業に詳しいわけではないので、彼がどうやって商売を回していたのかはまるでわからない。本に貼られた値札に関係なく、どんな本もなぜか一冊五十円で売ってくれた。読み終わった本を持って行くと一冊十円で買い取ってくれ、そのたびに店主は感情のこもらない低い声で「どうだった」と聞いた。僕が拙い感想を伝えると「じゃあ次はあれを読むといいな」と作家の名や書籍の題名を教えてくれた。あの棚にあるからと教わった本を探し、カウンターに置く。はい、五十円。

そういえば駅前の新刊書店でも同じように店主があれこれとおすすめの本を教えてくれたのだった。さすがに小学生では新刊本になかなか手を出せなかったが。

こうして僕は、学校で聞いたこともない作家、図書館で借りようとは思わないような本を、随分と読むことになった。

数年前、実家に戻ったときにふと思い出し、古本屋のあった場所へ行ってみた。震災のあと区画整理されたのか、僕の記憶にある路地はなくなっていて、一階にコンビニエンスストアの入った大きなマンションが建っていた。

宇宙のルール

診察室には大きな椅子が置かれていて、そのまわりに銀色の腕のようなものや黒い管のようなものが何本も伸びている。

「まるで宇宙船の操縦席みたいだ」僕はそう思った。

「座ってください」と先生に言われたので、目の前にある小さな丸い椅子に座ると、先生は「そこじゃありません」と困ったような目で僕を見る。「あちらです」

さっそく操縦席に座るのか。ドキドキしながら操縦席に座ると自動的に操縦席が動いてライトが光った。

先生が「はい、口を開けて」と言って僕に近づいてくる。どんな道具を使うのかが気になってずっと目を開けていると、先生がまた困った顔をした。「目をつむってくれませんか。やりづらいんですよ」

しばらく目をつむっているうちに僕は寝てしまった。寝ている間に治療は終わっていた。操縦席の横に置かれた紙コップには、いつのまにか水が注がれている。先生が「はい、うがいをして」と言うので、僕はガラガラとうがいをした。先生はまた困った顔になった。「そうじゃなくて、口をゆすぐのです」宇宙には、いろいろと厳しいルールがあるのだな。さすがだなと僕は思った。

（初出　ＭＩＣ「はなはなし」二〇一五年・第四号。
歯科医院に配布されているフリーペーパー）

でもやけど

　昨今、広告をつくるときには、どういう生活をしている人たちにどういう言い方で届ければ効果があるのかを厳密に考えるのは当たり前のことになっていて、その参考として何らかの調査が行われることが多い。

　暮らし方や仕事や趣味や好みやその他の細かなことを専門家があれこれ聞いてまとめたもので、僕たちはその結果をふんふんと言いながら眺める。

　だからといって、その結果に従って広告をつくると案外届かないものになるので、あくまでも参考にするだけなのだけれども、まあ、とにかくそういう調査をすることはよくあって、それをマーケットリサーチだとかターゲティングなんとかだとか、広告業界の人は難しい名前で呼んでいる。そして、そんな調査の結果を見ていて、僕は以前から気になっていたことがある。

好きなものや最近楽しかったことなんかを聞かれたときには、かなり多くの人が自分の身近なことや自分に起きたできごとをあげるのに、最近怒っていることや腹の立ったことを聞かれたときには、どちらかと言えば、社会のことや政治のことなんかをあげる人が多いように感じるのだ。

もちろんそれは僕が見ている調査結果なので、たまたまそういう答えが出やすい質問になっているのかもしれないし、これがすべての人に当てはまるというつもりもないが、とにかくそういう結果が多いのだ。そして僕は、やっぱりこれは何となく全体的な傾向なんじゃないのかなと思っている。

そう言えば、企業向けのセミナーで「あなたが所属している部署の今の状況を教えてください」という問いかけをすると、ほとんどの人があれができていないとか、これが足りないだとか、そういったネガティブなことを並べるらしいと聞いたことがある。

今の状況を教えてほしいという問いなのだから、別に問題点や課題点をあげる必要はなくて、これがうまくいって意気揚々ですだとか、みんな仲良くやっていますだとか、もうすぐ目標を達成できそうですと言った回答をしたって構わないのに、なぜか悪いことばかりをあげてしまうらしいのだ。

それでふと思い出したわけだが、本を読んだり映画を観たりしたあとで誰かに感想を尋ねられると、ついつい僕は「でも」とか「けど」と言ってしまう。「とてもおもしろかったよ。でも」だとか「すばらしい映画だった、けど」というように。当然のことながら、その「でも」や「けど」の後にはちょっとばかり否定的な言葉がついている。

おもしろかったのならおもしろかったと素直にそれだけを言えばいいのに、どうやら僕はそのままで済ますことができないようで、必ずどこか否定する個所を探すのは、たぶん僕に、自分はその分野についてよく知っている人だ、よくわかっている人だと思われたいといういやらしい欲望があるからか、あるいはその作品に無意識のうちにひどく嫉妬しているからか、その両方からなのだろうなと思っているが、恥ずかしいのでそうは言わない。

再会

父親というものをあまり知らずに育った。まだ俺が小さな頃から父は仕事の関係でほとんど家にはおらず、年に数度顔を見るだけというような関係だったのだが、何年かそうした暮らしを続けたあと、ある時からついに父は戻って来なくなった。

両親の間にどういうやりとりがあったのかは知らないし、なぜそうなっても離婚しなかったのかなど、それなりに疑問がなくもないのだが聞いてはいない。それを問えば母があまりいい顔をしないだろうという気がしたし、どちらかと言えばその方が理由としては大きいのだが、もう父については何も知りたくなかったのだ。自分の中に父を一切存在させたくなかったのだ。

酒に酔った父が港町の坂道を大股で下っていくのを、坂の上から母とじっと見つめていたことをよく覚えている。すっかり日が落ちて辺りが暗くなる中、公衆電話の蛍光灯がぼんやりと鈍く光っていた。

これがいくつかある俺の最も古い記憶の一つで、それ以降も父とは何度か会ってはいるのだが、ここを境にして俺の中では父の存在は消えたものになっている。坂を見下ろしてから二十数年を経たのち、俺は大きな交通事故に遭い命を失いかけた。

朦朧とする意識の中で世界は大きく歪んで形を崩し、まるで全てが透けて見えるようで、あらゆる人が、あの手この手で俺を殺そうとする妄想に取り憑かれた。真っ白な壁に囲まれた無機質な部屋には、そこから逃げ出せば助かるのだと予感させる大きな扉が一つと、小さな窓があるだけだった。椅子に縛られたまま天井から逆さに吊り下げられた俺は、机の上に置かれた鍵に思い切り手を伸ばしていた。あの鍵さえ手に入れれば、この痛みと苦しみから逃れられるのだ。ずっと逆さまになっているせいで、呼吸が苦しく、ほとんどものが考えられない。それでもなんとか鍵を手に入れようと必死で手を伸ばす。生き延びるにはそれしかない。

ふと窓の外を見ると、男が立っていた。父だった。顔つきはよく見えないし、俺自身も父親の顔などあまり覚えてはいないのだが、それでもその男が父なのだとわかった。

こっちを向いてくれ。気づいてくれ。この鍵を俺の手に握らせてくれ。必死だった。泣きながら父に呼びかけた。大声で父に向かって頼んだ。だが父は俺に気づくことなく、静かにその場を去って行った。薄れていく意識の中で俺は再び父を失ったのだなと感じた。

事故から奇跡的に回復して、しばらくした後に、母がぽつりと口にした。

「あんたあの時、お父さんって言ったんだよね」

母は相当ショックを受けたように見えた。それはそうだろう。自分一人で育ててきたはずの息子が、生死をさまよう中で求めたのは父親だったのだから。

俺もショックだった。母に言われるまで、妄想の中で父を見たことなどまるで忘れていた。なぜあの時、俺は父親を見たのか。彼を呼んだのか。あの妄想にいったい何の意味があったのか、今でもわからない。

それから五、六年ほど経って父の訃報が届いたが、特に何の感情も持たなかった。単に、なぜ妄想に彼が現れたのかを解き明かすチャンスを失っただけのことだ。

葬式には出て、遺品を受け取った。安っぽいビニール板に、幼い頃の俺の写真が挟んであった。写真の中の俺は笑っていた。
ようやく俺は父を知った気がした。

（初出　『別冊文藝春秋』電子版十一号　二〇一七年）

雑文転載

だったらそんな国は

エキセントリックに国を守れと叫ぶ人たちのいう「愛国」がどうも腑に落ちていなかったんだけど、結局のところあれは愛国じゃなくて愛私であり憎他であるのだなと気づいて、やっとホッとした。いつしか国を自分と同一視してしまっているから、あんなふうに声高に叫ぶのだろう。

やっぱり本当の愛国は愛他なのだと思う。ここで共に暮らす人たちを思うことなのだと思う。

疲れている人、たいへんな思いをしている人、どうしようもなくて困っている人を助けない国なんかに僕は興味がないし、だったらそんな国はもういらないとさえ思う。

それはとても簡単なこと

中学生人権作文コンテストの入賞作「それでも僕は桃を買う」を読んで第八三回アカデミー賞で短編ドキュメンタリー賞を受賞した「Strangers No More」を撮ったカレン・グッドマン監督の受賞スピーチ「教育と理解と寛容があれば、平和は実現できる」を思い出した。

本当にそうだよね。様々なものごとに対する知識、未知なるものを理解する力、そして他者を他者として認める寛容さ。

それが想像する力の源になるんだと。それさえあればいいんだと。

そして、なぜそんな簡単なことがなかなか実現出来ないのかと。いま僕はそんなことを思っている。

裏側から見れば同じこと

ＬＩＮＥ乗っ取り詐欺なるものがそれなりに広がっているらしい。

同時に、明らかに相手がアカウントを乗っ取っている、つまり詐欺師だということをわかった上で、その詐欺師からのメッセージに適当な返事をしながら、からかったり、おちょくったりして半ば遊んでいる人たちもそれなりにいるらしい。

おそらく面と向かってなら怖くてできないはずなのに、ネット経由だと平気でおちょくったり、からかったりしている様子を見て、ああやっぱり僕たちにはそういうメンタリティがあるんだろうなって思っている。

「水に落ちた犬を叩くな」とか「安全圏から石を投げるな」ってよく言う人がいるけれど、これを裏側から見れば同じことなんだろうって思う。

弱っている者をサンドバッグにして叩くことと、犯罪者を騙してからかって遊ぶことの根っこの部分には何か似たような気配がある。そこには「何をしたっていいのだ」というそれぞれ自分なりの理屈と都合と正義がある。

拝啓　鈴木様

訃報が届いた。

僕よりもずっと長く人生を体験されてきた方なのだから、いつかこういう日が来るということはわかっていた。それでもまだ実感はわいていない。

あまりの出来の悪さに落ち込んでいる時にさりげなくかけてくれた「お前はよくやっているよ」。

いつだって僕が必要としている時に必要な言葉をかけてくれた。そのひとことがどれだけ僕を励ましてくれたことか、どれだけ僕を救ってくれたことか。

きちんとお礼を言うことも出来ずにいるまま、先に逝かれてしまった。

飄々としながら力強く、ユーモアと信念を内に秘め、反骨と優しさを同時に発揮できたあの人は、やっぱりロックな人だったのだろう。

たった一度だけ、駅の裏にある小さな小さな飲み屋に連れて行ってもらったことがある。飲めない酒を口に含みながらそこで聞かされた秘密は、これでもう僕一人だけの秘密になってしまった。

本当にお世話になりました。ありがとうございました。心よりご冥福をお祈りいたします。

公私混同

プライベートとパブリックの境界はずいぶんと曖昧になって、あらゆるところで公私混同が加速している。プライベートな空間でもパブリックを意識した立ち居振る舞いが重要になっているし、パブリックな場であっても個人としての意見が求められる。その流れがよく見えている人はどんどん公私を混同しながら仕事や遊びを拡張している。企業も社員をどんどん外に出して公私混同させている。

それが今の企業に求められている「be good」につながるとわかっているから。

一方、残念ながらその流れがわかっていない企業は、そんな混沌が流れ込んできちゃたいへんだぞとばかりに一所懸命につくった壁をより厚くより高くして、時代の流れが社内に染み込まないように、公私混同を受け入れないようにとがんばっている。

そろそろ気づかないと、生き残れないよ。もし、生き残る気があるのならね。

繰り返すこと

話を聞いたら裏を取る。当事者の話ならなおさら丁寧に裏を取る。その場にいた人が自分の目で実際に見たことだからこそ、自分の耳で聞いたことだからこそ、しっかりと確認する。本当なのかと疑うのではなく、本当であって欲しいと願うのでもなくただ裏を取る。

その話を伝えたいと思うから、傷が無いように、汚れが無いように確認する。裏を取っているうちに話の芯が残り始める。

残った芯をまた何度も確認する。一〇〇%と言い切れるまで。これ以上は無いと確信を持てるまで。

面倒くさい作業だ。迷惑をかける作業だ。

だいたい確認できていればいいのかも知れない、とも思う。カギカッコの中に入れてしまえばすむことだ、とも思う。

けれども裏を取り続けていると、やがてその芯を中心に、単なる事実の羅列だったはずのものから、目に見えないメッセージが放たれ始める。

それは決してブレることの無いメッセージ。確認し続けることでしか現れない、ものごとの本質を透視するメッセージ。

僕にできることは、それを積み重ねることだけなのだと思っている。

好きな人がいるのと
相談される好きな人から

笑いが止まらなくなって
涙の出る葬式でも

判断力

『猫たちの色メガネ』発売時に特別編として書いた掌編。


「おお、松原君。突然どうしたんだ」社長室の応接ソファに腰を下ろして役員たちと談笑していた社長は、赤い顔で松原を迎えた。七十を過ぎてもまだまだ脂ぎっているところはさすがだ。

「実は、伺いたいことがありまして」前置きは抜きにして松原は切り出した。

「なんでも最近、重要な経営判断をすべて機械に任せていらっしゃるとか」

「機械というと新しく導入したＡＩのことかね」社長の顔が困惑気味になる。

「いやいや、そうじゃない」向かい側の副社長が胸の前で両手をバタバタと振った。

「あれは、あくまでも私らのサポートをするためのものだよ」

「そうだ。判断はワシ達がやっておる」社長が大きく頷く。

いや、納得できない。松原は奥歯を噛んだ。どう考えてもまともに判断したとは思えない、短絡的な指示ばかり出ているのだ。

「もっと長期的な視野に立っていただかないと、現場が混乱します」

「判断しているのはワシらだ。つまりワシらの指示が間違っているというんだな」社長の眉間が盛り上がった。声に怒気が含まれている。

「あ、いえ。そういうわけではありませんが、その、なんと言いますが、現場の感覚に合っていないものですから」松原の声が小さくなる。判断力には自信があるが、上司に逆らうほどの勇気はなかった。

「松原君はＡＩに反対なのかね」そう尋ねたのは専務だ。

「機械に任せるのはいかがなものかと」

「任せてはおらん。あくまでも私たちのサポートをさせているだけだ」

「そうとは思えません」

畳み掛けようとした松原の話を社長が大きく腕を振って遮った。

「いいかね。うちのＡＩには経営判断なんて無理なんだよ」社長がきっぱりとした声で言った。

「うちのＡＩはね、頭はそれほど良くないんだ。その代わり、かわいいのだよ」

は？　何の話だ？　松原は混乱した。頭が良くないって、どういうことだ。かわいいってなんだ。人工知能の話じゃないのか。

「ちょっとくらい出来が悪くてもかわいいのが一番ですからね」明るい声で社長にそう言ってから専務は松原を睨んだ。

「それにひきかえ、君は何だね。君のように他人のミスを責めるばかりが経営じゃない」

「いや、私はそういうつもりで申し上げているわけじゃ」松原の視線が次第に下がっていく。

「ふむ」社長がふいに首を後ろに向けた。軽く手を上げ、壁に取り付けられたモニターに向かって話しかける。

「どうだね。こういう意見があるのだが」

ブンという小さな音が鳴って、モニターに映像が映し出された。猫が腹を見せながら、床に背中を擦りつけている。

「ニャーン」スピーカーから合成音声が流れる。

役員たちの顔が一斉にほころんだ。

「ニャーン」もう一度、同じ音が流れる。

おいおいおい、何だ。何だよこれ。最新のＡＩじゃないのか。かなりの金額で導入したんじゃなかったのか。

「最新だとも」専務が嬉しそうに答える。

「猫の鳴き真似をするＡＩなんて聞いたことがありません」

「何を言っているんだね。ワシらがリラックスして判断できるようにするのがＡＩの役割だぞ」

「ニャーン」ＡＩが繰り返す。モニターの中の猫が、毛糸玉で遊び始めた。いやいや、これだったら猫を飼えばいいじゃないか。

「おお、いい子だねぇ」社長の声が甘くなる。

「どうだね」松原を振り返った。

「おかしいでしょ！　ＡＩってのは、データに基づいて、先の先の先まで予測して、時には冷徹な経営判断を下すものなんじゃないですか！」松原は大きな声を出した。

「そんなものは誰も求めちゃおらんよ」社長も大声で答える。「必要なのはこれなんだ！」

　画面には猫が映り続けている。これ、本当にＡＩなのか。ただ猫が写っているだけだろう。ＩＴ業者に騙されて、妙な商品を摑まされたんじゃないのか。松原はモニターを睨みつけた。

「松原サン」突然、ＡＩが呼びかけた。

「な、なんだよ」

「松原サン、私ガ嫌イナンデスカ？」

「好き嫌いじゃない。商品として如何なものかと言っているんだ」

「私ハ……商品ナノデスネ……」

「あ、そういうつもりじゃないんだ」

「単ナル……機械ナノデスネ……」

「いや、ちょっと言い過ぎたかな。悪かったよ」松原は頭を掻いた。こうやって、ちゃんと受け答えができるということは、やっぱりＡＩなのか。

「ニャーン」ＡＩの声が甘えたトーンになる。

「なんだよ、またそれか」

「ニャーン」さらに甘え声になった。

「よせよ」

「松原サン、私ノコト好キ？」

「だから好き嫌いじゃなくて」

「ニャーン」

「いやその」

「ニャーン」

「わかったよわかったよ。好きだよ、好きです。ああ好きです」

「ニャーン」

「ホラ、松原サンモ一緒ニ。ニャーン」

「できるか」

「そうだ。君も鳴きたまえ」専務が嬉しそうに言う。

「できません」

「できるとも」社長が立ち上がった。

「ほら。ニャーン」目を閉じて気持ち良さそうに首を左右に振る。役員たちも社長に合わせて声をあげた。

「ニャーン」

「ほら、松原君も」副社長がニコニコして促す。

「ニャーン」松原は、口を曲げながらしぶしぶ声を出した。あれ。やってみると案外気持ちがいいぞ。さっきまで怒っていたことなど、どうでもよくなってくる。

「ニャーン」

そうだ、そうだよ。先の先の先なんて考えたって無駄だ。今この瞬間を気持ちよく過ごすことが一番だ。目の前のことが一番だ。

「ニャーン」社長が鳴く。

「ニャーン、ニャーン」役員たちが鳴く。

「ニャーン」松原も鳴く。

社長室の中に猫の鳴き真似が響き渡った。

ふいに松原の携帯がブルブルと震え始めた。チラと視線をやると部下からのメールだった。ああ、無理だ。判断できない。もう目先のことしか考えられない。指先でOKと打ち込み送信する。
これでいいんだ。難しいことは後回しだ。今はただこうやっていたい。
「ニャーン、ニャーン」次第にすべての判断力が奪われていく。
画面の中の猫が毛糸玉にじゃれつきながら、微かにニヤリと笑ったように見えた。

（初出　「文芸カドカワ」特設サイト）

わざわざ言わない

本でも音楽でも映画でもいいが、周りの人が絶賛している作品があって、でも僕はいまいちピンと来ていないとき「何かを見落としたのだろうか?」「ちゃんと理解できていないんじゃないだろうか?」なんて不安になることがある。

だからといって「すごかったよね!」「良かったでしょ?」と尋ねられて「いまいちでした」だとか「それほどでもなかったな」なんてわざわざ言うことでもないと常々考えているので、とりあえず笑顔で「ええ、本当に」と答えるようにしている。

好きなものは大声で好きだと言ったほうがいいように感じるのだけれども、あまり好きじゃないだとか、嫌いだってことは、わざわざ口に出して言う必要なんてないし、どちらかといえば言わないほうが諸々いいんじゃないかと思っている。

勘違い

ある音楽制作の現場にて。

長時間のレコーディングとミックス作業が連日続いていて、スタッフはもうずいぶんと疲れているのだけれども、この日から現場にやって来た大物音楽プロデューサーはもちろん元気いっぱいで、曲を再生するたびに次々に新しい要求を出すものだから、現場は少しだけピリピリとしはじめていた。

なにせこのプロデューサーはとても偉いのだ。たとえ彼の言っていることをおかしいと思っても、スタッフとしてはなかなか意見を言いづらい。

それでも淡々と作業を進めれば少しずつものごとは前に進む。試行錯誤を繰り返して、これでいよいよ完成かな？　というタイミングになったところで、またしてもプロデューサーは何か気になることが出てきたようで、巨大なミキサーの端っこに座って機器を操作しているアシスタント・エンジニアに「ちょっと間奏を聞かせてくれない？」と声をかけた。

「歌のところはいいんだけどさ、ギターソロの部分がどうも気になるんだよね。なんか引っかかるっていうかさ。ということで、聞かせてよ」

そう言ってプロデューサーは椅子に深く座りなおし、体を正面に向けた。曲をもう一度再生して間奏の部分だけをじっくり聞くつもりなのだ。

すると、それまで手元のコントローラーを眺めていたアシスタントは何を思ったのか、ふいに顔を上げて「えーっと、僕はこのギターソロ、けっこう良いと思います。最後のほうの上がっていく感じがそのままサビに直結していて勢いもありますし……」なんてことを話し始めたのである。

なぜこの子は急に語り始めたのだろう。スタジオにいる全員が怪訝な顔つきになる。そこにベテランエンジニア氏がひと言。

「誰も君の感想は聞いていないんだよ」

プロデューサーが聞きたいのは、もちろん感想ではなく間奏である。

爆笑するスタッフと、言葉に詰まって恥ずかしそうにするアシスタント。けれども、アシスタントが間奏を感想と勘違いしたことで、それまでずっとプロデューサーに気を使って言いたいことも言わずに黙っていたスタッフたちが、それぞれ「自分はこう思う」と口に出せる雰囲気になって、そこからあとの作業はとても楽しくなったのであった。

もしかしたら、あのアシスタントはピリピリとしていた現場の雰囲気を変えたくて、わざと間違えたふりをしたのかもしれない。そうだとしたら、なかなかステキな若者じゃないかと僕は思うのだ。

スケジュール

ひと月以上ずっと返事がもらえなかったので、なるべく対応できるよう僕はスケジュールを入れないようにしていた。ある撮影の話だ。

出演してくださるかたはとにかく忙しく、ほかの仕事が急にキャンセルになったというようなタイミングでしか、僕たちの撮影には来てもらえない。もちろん大きく展開することが見えている企画だとか、出演料をたくさん払えますよといったケースであれば、前もってスケジュールを押さえてもらうこともできるのだけれど、残念ながら僕の関わる仕事のほとんどはそういうものではなくて、とにかく知恵と工夫でなんとかしてくれというものばかりだから、前もってきっちりスケジュールを確保してもらうことは難しい。向こうには、この作品に出ることのメリットがないのだ。それでも、その人に出てもらうことに意味があると僕たちは考えるから、あとはもうこの日なら大丈夫ですという返事を待つばかりになる。

とはいえ僕にも僕の都合があって、僕自身のスケジュールも聞かれるわけです。このあたりでどこか一日空いていませんかと聞かれても、じつはまだ一件、撮影日の確定していないものがあるのでなんともお答えできません、ほかには何も入れていないので撮影日さえ決まればあとはぜんぶ空くんですけどねえ、なんて答えで引っ張っていたのだけれども、さすがに引っ張りきれないものもある。

さて、数年前にお手伝いをした仕事があちらこちらで評価されているので関係者を集めてパーティを開くから来ませんかというお誘いをいただいた。これはもう日にちが確定しているものだから、ある日の数時間だけピンポイントで行けるか行けないかという単純な話だ。久しぶりに皆さんにお会いできることを楽しみにしていますす、ぜひ寄せていただきますとお答えをした。

そしてもちろんみなさんの予想通り、そのわずか数分後、その日なら撮影可能です、よろしくお願いしますという連絡が僕の元へ届くのだった。

ああ、人生とはそういうものだ。

バズらなくていい

僕は「バズる」という言葉があまり好きではない。まず、言葉の響きとして、音として好きではないのだ。

これは駄洒落にもならないこじつけだが「バズる」の中には、やっぱり「ズル」が含まれているような気がしてならないし、最初からバズることを狙って何かをつくるのは、つくり手としては何か品のない行為のように感じるのは、僕が古い頭でしかものを考えられないからなのだろうか。

多くの人にウケたい褒められたい感心されたいという気持ち、それは充分にいやらしくて、そしてきっとごく自然な気持ちなのだけれども、少なくともそういう気持ちと、どういう手を使ってもいいからとにかく不特定多数の口の端に上りたいという気持ちとでは、たぶん何かが大きく違っている。

もちろん僕だって自分のつくるものが多くの人に届けばいいし、いや、それで生活しているのだから、まったく届かないと本当に困るのだけれども、ただやみくもに届けばいいと思っているわけでもない。

届けたいものが届くべき人へきちんと届くことが大切で、むやみやたらと広がってしまうと、本来ならば届かなくてもよい人、受け取る準備のできていない人、届けるべきではない人にまで届いて、これが無用の混乱を招くことになる。そうなると余計な説明に追われることになって面倒くさいし、場合によっては本当に届けたい相手にも届かなくなってしまう。

丁寧に伝えたいことがあるときには、バズる必要などまったくないどころか、かえって弊害になるとさえ思っている。

だからバズらなくていい。

繰り返すけれども、そもそも僕は「バズる」という音がまず嫌いなのだ。「流行る」ではダメなのか。きっとダメなんだろうな。

人は二度亡くなる

人は二度亡くなる。一度目は生物として亡くなる時。そして二度目は人々の記憶から完全に消える時。誰かの記憶に残っている限り、人はまだ生き続けている。たとえ多くの人の記憶に残っていても、長い年月が経つうちに、やがて覚えている人たちは少しずつ亡くなっていき、いつの日か、誰も覚えている人がいなくなる。それが本当に死ぬということなのだろう。

僕たちがふと誰かのことを思い出したり、誰かの思い出を話したりするとき、その人は少なくともその間だけは僕たちの中に生き返っている。僕はいつもそんなふうに思っている。

相手の立場になんてなれない
だから想像するいつまでも

まちがえた基準

事故から辛うじて生還したあと、静かで、退屈で、何の変化も無い病院での生活が始まった。とはいえ最初は変化があった。長らくベッドの上で完全に固定されていた身体を、角度にして五度までなら起こしても良い、十度までなら起こしても良いと言われるたびに、それまで天井と壁しか見えていなかった僕の視界は広がり、ついに二十五度まで上半身を起こして窓の外が見えるようになったときには、まるで世界が一変したように感じたし、感激もした。

足を整復する二度目の手術を終えてからひと月ほどすると車椅子に乗る練習が始まり、やがて病院の中をある程度なら自由に動き回ることが出来るようになった。あなたそれじゃ暴走族よと何度も看護師に叱られるほど、僕は好き放題に動き回っていた。長い廊下はスピードが出て気持ちがよかった。

人間というのは驚くほどあっさりと環境に馴染むもので、半年も病院で暮らしていれば、元の家での暮らしなどすっかり忘れてしまう。もう最初からずっと病院で生活しているような錯覚に陥ってしまうから不思議だ。

起床してまず院内をうろつき、朝食のあとは検査とリハビリ。昼食のあとはたいてい眠っていた。午後遅めにふたたびリハビリ。そして夕食。消灯時間までは救急外来の入り口にある灯の下で、本を読んで過ごすことが多かった。本だけが僕を病院の外にある空想の世界へ連れ出してくれた。

両方の脇に松葉杖を挟んで片足だけで歩こうとすれば歩けなくもないのだが、まったく片足を使えない状態で歩くのは僕にはなかなかきついものだったし、腕と指の機能も失っていたので長距離となるとなおさら難しかった。

ここが下肢を切断をして義足を使っている人と僕との大きな違いで、残った部位をうまく使って義足で歩くのと、まるで役に立たない大きな物体を体の片側にぶら下げて歩くのでは何もかもが違っている。足は僕たちが思っている以上に重い。とにかく邪魔なのだ。だから脊椎損傷で下半身がまるごと使えない人の暮らしを考えるとき、それはとても大変だとか、なにかと不便だろうとか、そういった有り体の言葉よりも、まずはいろいろと面倒くさそうだなあというほうが僕の実感に近い。

それはともかく、病院の中で僕は車椅子生活を送ることになった。もともと体力だけはあったせいか、それまであまり障害というものを真剣に考えたことの無かった僕は、そこで初めてこれが障害なのかと気づくことになる。

一般的な社会に比べればバリアフリーが徹底されているはずの病院の中でさえ、車椅子では行けない場所があり、ほんの数センチほどの段差が車輪を空転させた。先に数人が乗っていれば、もうエレベーターに乗ることはできず、狭いトイレの床に物を落とせば、拾うのに一苦労した。

そうして、ようやく僕にもわかったのだった。障害は僕の足にあるのではなかった。片足しか使えず、車椅子を利用するほかない僕が不便を感じるような仕組みそのものが障害なのだ。

文字通り障害物はそこにあって、多くの人はその障害物を潜ったり跨いだり迂回したりして、あるいはぐっと我慢しながら越えていくところ、様々な理由からそれを越えられない人たちがいて、僕たちはそういう人たちのことを障害者と呼んでいる。けれども実際の彼らは、多くの障害物に迷惑しているだけだ。障害のある者ではなく世の中に溢れる障害に困っている者、被障害者なのだ。障害物を取り除けば誰もがもっと楽に進めるのにそうしないのは、あっても困らないと思う人たちが、自分は我慢できるという人たちが、あるいはそこに障害物があることに気づかない人たちがものごとの基準を決めているからなのだろう。

ああ、この世界は、少なくとも僕の知っている日本の社会は、健康で、五体満足で、平均的な身長と体重の、たいした病気もせず、毎日の仕事がある、我慢強い成人男性を基準にしてつくられているのだなあ。誰だって何らかの問題を抱えているはずなのに、そんなふうに存在しない人を基準にすれば、そりゃみんなヘトヘトになるよなあ。病院の清潔で明るい廊下の端に車椅子を止め、窓下を走っていく車を見ながら僕はそんなことを考えていた。

僕たちは、そもそもの基準をまちがえているんじゃないのか。車椅子を使うようになって、初めて僕はそう感じたのだった。

未来と過去の間

多くの物語は過去のことを語る。現在のことはもちろん、たとえ未来を描いた物語であっても、それは未来で既に起きたできごととして語られる。このあと主人公は何かをするでしょう、こういうできごとが起きるでしょうと常に未来形で書かれている物語を僕はほとんど目にしたことがない。

僕は今よりも未来に生きることができない。流れ続ける時間の先頭に立ってはいるものの、どれだけがんばっても、それ以上は先へ行くことが出来ない。最後の過去に僕は生きている。今より新しい過去はない。そして、それは同時に最初の未来に生きていることでもある。未来と過去の間にある今この瞬間はまだ未来でも過去でもない。僕は未来と過去との接点にいる。

僕は終わってしまった過去のことにはあまり興味がないし、未来に何かを期待することもたいしてないけれど、ただ、この瞬間にいる自分がどちらの方向へ顔を向けるかによって、未来なんてものは簡単に変わるのだろうなとは思っている。

過去は見えるから、振り返って眺めるのは簡単なのに、ここから先の未来はまだ何もないし何も見えないから、自分が最初の未来にいることはつい忘れがちになって、過去のことばかりが気になってしまう。

もしも誰かに会って「こんど、こういうことするんだ」「ああいうことがしたいんだよね」という未来の話よりも「あの時は、ああだったよね」「あの人って、こうだったよね」という過去の話題が多くなっていたら、そのときの僕はこの接点から離れて、ほんの少し過去の側にいるのかも知れない。

たいていの飲み会では話題の七割くらいが過去の話になって、だからやっぱり僕は飲み会が苦手なのだ。たしかに過去の話もおもしろいものはおもしろいけれど、過去と未来の接点にいる僕としては半分くらいがちょうどいい。

ああ。あれこれと面倒くさい話をしているけれども、ここに書いた瞬間から、この話も全て過去のものになっていく。未来のことを未来のまま未来に書き留める方法を僕は知らない。

さっさと動く人

自分のやりたいことを夢中でやっている人は、夢中になり過ぎてうっかりしちゃうところまでを含めて、どこかかわいいところがある。

英語で言えばチャーム＝魅了する。だから周りにも人が集まってくるのだろう。

そして、そういう人は、自分のやりたいこと、出来ることをやるだけでなく、周りの人たちにも「大丈夫だよ、君にもできるよ」と言い続けていて、それが本当に強い力を生み出している。

彼らは、否定する理由を探したり反対したりする時間があったら、さっさと目の前にある小さなことを始めてしまう。あれこれ考える前にとりあえず動き出す。

そういう人はだいたい笑顔だ。

その笑顔を見ていると、誰が悪いだとか何が足りないだとかとネガティヴなことばかりにパワーを消費している人よりも、遥かに楽しそうだなと思う。

相談は専門家に

もう五年近く前になるが、ツイッターの企業アカウントを運用して経験したあれこれの顛末を一冊の本にまとめたことから、ときおりＳＮＳの使い方などについての相談を受けることがあった。

とてもではないが、僕にはそんな相談に応えられるだけの知見はない。せいぜい自分の体験から考えたことを語るくらいが関の山である。

当時、なんとかそういった相談を断りたくて書いた文章である。

予算がないから広告の代わりにＳＮＳやミニブログを使って何かしたいんです、みたいなご相談をときどきいただくのですが、たぶんＳＮＳって広告の代わりにはならないし、広告をつくって媒体に出稿するより、ＳＮＳでブランディングするほうが手間暇かかると思っているので、そういう目的ではおすすめできません。

『中の人などいない』という本はエッセイっぽい仕立てにしているので、わかりづらいかもしれませんが（わかりづらくて申しわけないです）、いちおうそういう哲学を書いたつもりなので、ご相談いただく前にちらっとお読みいただけると、無駄な時間が省けてお互い幸せでいられると思います。

あと、ご相談いただく人には本当に申しわけないんですが、僕は専門家でも何でもなくて、たまたまタイミングが良かったとか、賛同してくれる人が多かったとか、もともと認知度の高いものを担当したとか、そういう偶然や幸運が重なっただけで、僕自身は何もしてないし何もわかっていないです。

僕は自分が体験した以上のことは、本当にわからないのです。

だから過度な期待はしないで欲しいですし、むしろ僕なんかに相談しないで、専門家に相談したほうがいいと思います。

食べ物や生き物には雄やら雌やらがあって

僕はたまに生物の生態や雌雄の見分け方や飼い方などについて、一般の人があまり知らないない事実をつぶやくことがある。

もう一度あれを読みたいというご要望をいただいたので、手元に残っているメモの中から、いくつかの事実を拾って並べる。これは全て事実である。

パワーポイント

僕はこれまでずっと雄のパワポを使っていたんだけど、最近どうも調子がよくなくて、これはもしかするとパソコンとの相性が悪いのかも知れないと考え、思い切って雌のパワポをインストールしたら、これがけっこう調子いい。その代わり、デスクトップに大量の子パワポが生まれて大変なことになっている。

サンマ

サンマを二本同時に食べると、お腹の中で縄張り争いが始まります。どちらかが勝つまでしばらく戦いは続き、そして、最終的に勝ったサンマがその人間を乗っ取り、支配するのです。

高野豆腐

凍み豆腐（高野豆腐）の中でも二十年以上風雨にさらして凍結乾燥し続けたものを特に荒野豆腐と呼ぶが、長い年月の間にほとんど何も残らなくなるので実際には食べるマネをすることになる。なぜ何も残らなくなるのかについての原因はわかっていないが、現在のところつまみ食いが最も有力な仮説である。

一月

一月の残りをプランターに入れてたっぷりと水をやったあと、暖かいところに置いておけば四、五日で新しい一月の芽が出てくるんだけど、収穫できるまでにはさらに三、四日必要なので、うかうかしていると一月を増やす前に一月が終わってしまいます。一月の残りが少なくなっている人は、ご注意ください。

スーツケース

ひとりで世界のどこかへ出かけていたスーツケースがひょっこり帰ってきた。いま僕は、ものすごい時差ぼけで頭がぼんやりとしているのに、スーツケースはまったく時差ぼけを感じていないらしい。水も飲まず餌も食べず、部屋の隅っこでじっとこっちを見ているだけ。がまん強いスーツケースに育ったなあ。

ドローン

ようやく暖かくなり、軒下の巣で卵から孵ったドローンの雛たちが、さっそく飛ぶ練習を始めた。二羽の親ドローンは近くの空中に浮かんだまま、雛たちが巣から飛び降りる様子をそっと見守っている。まだ雛たちのプロペラは回転が安定しないが、すぐにしっかり飛べるようになるだろう。春が来たのだなあ。

投票用紙

僕は明日投票に行くつもりだけど、何だかここのところ投票用紙がずっと雌ばっかりだったので、たまには雄の投票用紙で投票したいなと思っている。どちらを渡されるかはその場の運だからしかたないけど。見分けかたは簡単。雄のほうがひと回り小さくて、頭にふわふわの羽が生えているからすぐにわかる。雌の投票用紙はすぐに書いて箱に入れないと、その辺で卵を産み始めちゃうから焦るんだよね。

カール

カールは飼育するのが難しいからなあ。雌のカール三つに雄のカール二つという比率を厳密に守って一緒にしておかないとなかなか繁殖しない。特にチーズ味は雌が少ないから比率を保つのがたいへん。まあ、もともと寒い地方では生息できない生物なんだから、明治はここまでよくがんばったと思うよ。親カールが子カールをずらずらと引き連れて道路を渡って行くのは、かわいかったけどね。

ウナギよりうどん

別に旬でもないのに習慣だからっていうだけで、わざわざ絶滅危惧種のウナギを食べんでもええんやで。この時期のウナギは味もイマイチ。売れ残ったウナギを売るために平賀源内が「土用の丑の日」って言い出しただけやで。うどんでええんや。うどんの雄とうどんの雌を一匹ずつ食べたら、それでええんや。

アグニオン

『アグニオン』の雄と雌を同じ本棚に並べると、だいたい三日くらいで小さな子アグニオンが産まれるので、雄と雌の両方を揃えることをおすすめします。ただし雄と雌の見分けかたはまだ解明されていないので、たくさん用意して同じ本棚にまとめてずらりと並べるのが、いちばん効率的ないい方法です。

静岡県

静岡県の雌は、交尾をせずに卵を産む単為生殖ができます。静岡県の雄は雌の産んだ卵を口の中で孵化させて、川根本町ほどの大きさになるまで育てます。

ブロッコリー

光を当てずにブロッコリーを育てたものがカリフラワーです。もやしと同じですが、雄雌《おすめす》のあるもやしとは異なり、カリフラワーはすべてが雌です。光をあててブロッコリーにする（ブロッケン現象）と、初めてその一部が雄になるのです。ただし、大量の日光に当てて育てるとアフロになります。

なお、雄のブロッコリーはやや凶暴なので慎重に扱う必要があります。

めんつゆ

春先に飲むめんつゆは雄のほうが好み。雌のめんつゆは産卵を終えたばかりなので、ちょっとコクが足りないんだよね。雌のめんつゆしかないときは、ほんの少しでいいから煮詰めるとコクが出る。でもやっぱり雄のめんつゆを手に入れたほうがいい。今なら餌さえまちがえなければ、わりと簡単に獲れるし。

ペヤング

夜食をいただこうと戸棚を開けたらペヤング。でもこれ、雄なのか雌なのかがわからない。雄のペヤングならそのまま説明書きの通りにつくればいいけれど、雌のペヤングの場合、説明書きの通りにつくると、たまに鋭い牙で噛まれることがあるので注意しないといけない。ペヤングに噛まれると、跡が残るからね。あと、どん兵衛の黒いほうを塗ると、毛が生えてくるんですよね。たしか。

オフィスチェア

プロジェクトルームを片づけるときには、オフィスチェアの雄と雌を一緒にしてはいけません。特に狭くて暗い倉庫にオフィスチェアを片づける場合、雄と雌を一緒にすると倉庫内で産卵する可能性があるため、十分に距離を置き、勝手に動けないようスズランテープなどで縛るとよいでしょう。机も同様です。なお、机にはものすごくエロい机と、それほどでもない机があります。いずれにしても、スズランテープは必須です。縛っておかないと大変なことになります。

たぶん、探せばまだまだあるが、今回はこの辺で。

今年から
一歳ずつ減るからねと
誕生日の母

久しぶりに会った母が
おもいもかけず
小さくなっている

もっと雑文転載

勉強しない

組織に所属していたときには勉強会なるものへお誘いをいただくことがときどきあった。僕は知らない人に会うのが苦手なので、基本的にはそういうお誘いはお断りしていたけれど、それでも幾度かは参加したことがある。

僕の参加した勉強会は、どれもみんな酔っぱらっていて、あまり勉強はしていなかった。

特別とふつう

特別なことなんて何もしなくていいんだと、最近、ますますそう思うようになってきた。ふつうでいること。「ふつう」だって時とともに少しずつ変わるのだから、無理をせずふつうを続ければいいし、その方が息切れしない。

特別なことはたいせつだけれども、それは非日常だからいつか終わってしまう。そして、いま非日常にいる人たちが、ふつうでいられるようになること。それが幸せってことなんじゃないのかな。

生活のコスト

僕は「生活のコスト」とか「人生のコスパ」っていう言い方が好きじゃない。というか嫌い。生きることや暮らすことを、まるで何か処理しなくちゃいけない作業のように見ている感じがして。

戦国選挙

様々な思惑が行き交い、今、東京国には再び空白の瞬間が生まれようとしていた。近隣の列強、千葉国、神奈川国、埼玉国の国主たちは、その僅かな間隙を突き、かねてより狙いを定めていた町田国を己のものにせんと各々の城内で奪取計画を企て始めていたのだ。

だがその一方、遥か遠く群馬国では今日も蒟蒻を甘辛く煮ていた。

グレーの海

世の中はみんなグレー。ほとんどが同じくらいのグレー。そしてその中に、ほんの少しだけ、とても白っぽいグレーととても黒っぽいグレーがあるだけ。白く見えても黒く見えても、やっぱりそれはグレー。どこにもない白や黒を探して疲れ果てるより、グレーの海の中をゆっくり泳いでいくほうが、ずっとずっと気持ちがいい。

科学じゃなくて妄想

タイムラインに「日本に住めなくなる日」という投稿が流れている。どこかの大学教授が三年前に書いたブログらしい。正直に言うと、原発事故の直後は僕も少しそう思っていた。何もわかっていなかったし、すごく怖かったから。でも、ちゃんと知ろうとすれば、知識は日々アップデートできるわけで、ものごとを丁寧に検証しながら、仮説を少しずつ変えていくのが科学的な態度なのだと思う。新しい発見があるたびに、仮説が立てられて理論が構築されるわけで、実は科学ってとても柔軟なものなんだよね。状況が変わっても仮説が変わらないなら、それは科学じゃなくて妄想なのだと思う。

ごはんが入っている

炊飯器の中に炊きたてのごはんが入っているのはわりと当たり前のことだ。でも、当たり前のことが当たり前でない時だってある。だからごはんが入っているかどうかは確かめたほうがいい。そしてそれが本当に当たり前かどうかを考えたほうがいい。

ただただ退屈である

手術は滞りなく終了し、今はただ水とお粥の日々を送っている。摘出したモノを見せてもらったのだが、まるでレバ刺しのようなトロっとした大きな塊が赤黒く皿に乗っていて、これが三つばかりある。このトロトロが己の体内から出たとはにわかに信じ難いが、医師がそう言うのであるからきっとそうなのであろう。

手術中も医師は頑張るのだが、こちらは頑張りようもなく寝ているだけなので暇である。手術が終わってからも暇である。

安静を命じられているため、暇なままベッドの上で横になり、特にやることもないのでフェイスブックをつらつら眺めていると、いろいろなひとがアップロードする、言わば美食テロリズムのような食事の写真に垂涎しきりである。一刻も早く退院して、かくのごとき美味たる品々に舌鼓を打ちたいと気ばかり焦るのであるが、焦っても詮無いことなので、茶碗に水を入れて飲み干す。飲み干しても足りないのでもういっぱい飲む。

美食テロリズムの写真を眺めながら水を飲む。写真を見ながら水を飲んだからといって水の味が変わるはずもなく、水はやはり水の味がする。

まだあまり起きていることも叶わぬため水を飲んだら横になる。ただただ退屈である。

さようならをした犬

どんな生き物も必ず死ぬ。それを見たくないからと、目の前から遠ざけようとする人たちがいる。それでも、どうぶつたちは、きっと飼い主だった人のことを想ってる。また会いたいなって想ってる。そう想像するとたまらなく切ない。ずっと会えないまま、さようならをした犬のことを思い出して。

さようならを言えないのは寂しい

いなくなった時にはもう老犬だったし、十五年以上も経っているのだから、もう死んでいると頭ではわかっている。それでもあの犬が、まだどこかを走っているような気がずっとしている。神戸で、東北で、会えないまま家族と別れた人たちがたくさんいる。ちゃんとさようならを言えないのは、とても寂しい。

遠回り
回り道して帰ったのは
君の家があったから

穴と木片

目の前に一枚の板があって三角形の穴が空いている。そばには穴と同じ大きさの三角形の木片がある。つい僕はその穴に木片をパチリと嵌め込んで満足する。何となく正解らしきものが手に入れば僕はそこで考えること止めてしまいそうになる。なにごとも白黒はっきりすれば、それ以上は考えずに済むのだから、そのほうが楽に生きていける。

でも本当に木片はその穴に嵌めるためのものなのか。パチリと嵌まればそれが正解なのか。板に関係のない木片が、たまたま同じ形をしたものが、そこにあるだけではないか。いや、そもそも木片を嵌めることは必要なのか。曖昧なことを曖昧なままにしておくことは難しい。つい嵌めたくなる気持ちを抑えて穴を穴のままに木片を木片のままに置いておく。それには忍耐力がいる。

世界は曖昧で複雑で常に白と黒との間にある。この穴は何なのか、この木片は何なのかと考え続けるために、その曖昧さを受け入れるだけの強い意志と覚悟を持っていたいと思う。

あえてのピースサイン

どうも僕は昔から写真に撮られることがあまり好きではなくて、いろいろな会合の場なんかでも、できるだけ写らないようにしてきたし、全校生徒が集まって撮影した卒業アルバムの集合写真では端のほうで横を向いたまま写っている。

どうして写真に撮られるのがこれほど嫌なのだろうかと、いろんな人や場面を設定して自分の気持ちを想像してみると、どうやらただ単純に写真に写りたくないということでもないらしい。

突然、たとえば日本に旅行に来ている外国人のように、僕のことをまったく知らない人がパッと僕にカメラを向けて写真を撮ったとしても、きっと平気だろうなあという気がするから不思議だ。

たぶん僕は、僕のことを知っている人に撮られるのが嫌なのだろう。ある瞬間の僕を、僕のことを知る誰かがずっと持っていることが怖いのだろう。もっとも、どうしてそうなのかは、まだ自分でもよくわからない。

でも、僕だってもう大人なのだし、そういう態度はあまり良くないし失礼だなと思って、最近はカメラを向けられたら何とか笑顔で写るように努力しているし、インタビューなどの写真撮影だって断らず、照れずにちゃんとポーズをとるように心がけている。ときにはわざわざ自分から積極的にピースサインなんかもしている。そう、あえてのピースサイン。

ピースサインだなんて、これはもうとんでもなく恥ずかしい格好だけれども、人に言われてやるよりも自分から進んでやったほうが、それも両手を使って大げさにやってみせるほうが、僕としてはまだ何か納得がいく気がするのだ。どうせやるなら大胆なピースサイン。振り切ってピースサイン。

ピースサインって国によっては侮辱的な仕草になるから、そこだけは気をつけなきゃいけないけどね。

僕がずれているのだろうか

　野球はものすごくメジャーな競技だし、いま僕はいろいろな人にパラリンピックの競技ルールを説明しているところだから、なおさらそう感じるんだろうけれども、放送では「ストライク三つでアウトです」「アウト三つで攻撃と守備が交代します」ってことは教えてくれない。すべて知っている前提で話が進む。

　もちろん、そこまで当たり前すぎる基本ルールを言う必要なんてないし、言われたら煩わしいとも思うけれど、せめて高校野球の初戦などでは、もう少し詳しいルールの説明はしたほうがいいのになと思う。「力がある方が勝つでしょう」とか「最後まで何があるかわかりません」なんて、言っても言わなくてもいいようなこともたくさん言っているのだから、ルールについても、もう少し何か言えるだろうと思う。けれども、誰もがルールを詳しく知っている前提で話は進んでいく。

そんなことを「野球は新規の客を呼び込む気がないのだろうか」と書いたら「調べないお前が傲慢で怠惰なのだ」と言われた。「興味があればスポーツニュースやスポーツ新聞を見るだろう、そこでは解説をしているぞ」と言われた。「ググレカス」とも言われた。

いやまったくその通りですよ。興味があれば人に聞いたり自分で調べたりして覚えていきますよ。僕がそうだから。今まさに自分で調べて覚えているところだから。でも、僕が話しているのはそういうことではなく、たいして興味のない人が偶然テレビ中継を見たときに、興味を持たせて、ファン人口を増やすための努力を放送局はしているのだろうかということなんだよね。

そういえばラグビーも経験者がえらそうに振舞い、「そんなことも知らないのか」と初めて観戦に来た人たちをバカにするようなところがある。それでもテレビ中継や会場のアナウンスでは、初めて観戦した人にもわかるように、あたりまえの基本ルールを何度も何度も細かく説明している。にわかファンを増やさないことには全体が盛り上がらないとわかっているからだ。

だから最初の話に戻ると、たいした興味もないまま、ぼんやり野球の試合を見ている初心者が「今のは何だろう？」と思った時に、その場でちゃんと「へー」「なるほど」と思わせて、少し興味を持たせることを僕は「新規の客を呼び込む」と言ったのだし、そういう工夫をテレビの野球中継はやっているのだろうかと尋ねたつもりだったのだけれど、結局そのあたりの工夫については誰も教えてくれなかった。

僕はそれなりに野球について知りたいと思っているので「調べないお前が傲慢で怠惰なのだ」と言われても、そうですねと答えられるけれど、それほど関心のない人にそんな言葉をぶつけたら「なんだか怖いし、もう野球には近づかないでおこう」と思われちゃうんじゃないのかなあ。

僕としては、テレビ中継を見ながら別の何かを調べなきゃならないのは、むしろテレビ側の怠慢だと思うし、「だったら調べろ」は「新規の客を呼び込む」態度でもないと思うんだけど、これほどまで「お前が怠慢なのだ」と言われると、僕がずれているのだろうかと、よくわからなくなってくる。

遠くから
眺めるだけでは
引き受けられない
悲しみの深度

二種類ある

ふだんから僕はデタラメばかり言っているが、この「二種類ある」シリーズは、そのデタラメの中でもわりと好きなパターンである。

●ナッツ

この世には二種類の人間がいる。

ピスタチオ派とジャイアントコーン派だ。あと、ピーナッツ派。

●俺

人間には二種類いる。俺とお前と大五郎だ。

●耳毛

耳毛には二種類ある。穴毛とたぶ毛である。

●チャーハン

世の中には二種類のタイプの人がいる。一つは半チャーハンが好きな人。もう一つは、チャーハンから半チャーハンをとった残り半分のチャーハンが好きな人。

●ツイン・ピークス

世の中には二種類の人間がいる。「ツイン・ピークス」を観たときに、ぜんぜんわからない人と、さっぱりわからない人と、この件にウサギは関係ない人だ。

●血液型

世の中には二種類の人間がいる。AとBとOだ。

●カレー

世の中には二種類の人間がいる。カレーが好きな人と、それほどでもない人。そして、カレーがものすごく好きな人だ。

●やっぱりカレー

世の中には二種類の人間がいる。表現をしたい人と、表現者になりたい人、そしてカレーが好きな人だ。あとは、カレーがもっと好きな人。

●天ぷら

関西では「天ぷら」って二種類あんねん。衣のあるやつとないやつ。

●二種類ある

人間には二種類ある。「人間には二種類ある」と言いたい人と、それほど言いたくない人。そして、うっかりまちがえて「二種類から選べます」と言ってしまう人だ。

完成させるのだ

ときどき若い人から「どうすれば映像づくりが上手くなれるのか?」と聞かれる。僕だって上手くなる方法なんて知らないから、本当に口幅ったいのだけれども、そう聞かれたときには「ちゃんと最後まで完成させること」「多くの人に見せて意見をもらうこと」と答えるようにしている。

特に「完成させる」はとても大切なこと。アイディアだけ、企画だけ、イメージショットだけ、パイロット用のワンシーンだけ、なんて映像作品は山のようにあるし、そういうものを僕はこれまで散々見てきた。それを、ちゃんと一つの形にまとめて仕上げるためには、果てしない思索と試行錯誤が必要で、それらを経てようやく僕たちはものをつくる力を身につけるのだ。

だからまずは最後までやりきって完成させる。それが大事なのだと思う。あれこれ口では言うものの結局は形にしない者よりも、最後まで粘ってちゃんと形にする者のほうが、得るものは多いはずだ。そして、それは映像作品に限らない。最後までやり通す。何とか人に見せられる形にする。ものづくりに於いては、それこそが最初にやるべきことなのだと僕は思っている。

たとえ完成させても、本当に完成なんかしない。ようやくそこから始まるだけで、やればやるほど完成なんて遠のいていくのだから。

意識ない系

昨日、燃え殻さんとのトークイベントで僕は「意識高い系ではなく意識ない系」と言って笑いを誘ったのだけれど、イベントが終わってからもしばらくそのことを考えていた。

「意識高い系」という言葉を使うと、何かを揶揄しているように感じる人もいるのだろうけれど、僕は全くそうは思っていないし、揶揄する意味で使ってもいない。

人生の成功を目指してはっきりとした目標を立て、そこに向かって全力で進んでいく人たち。自分への投資や毎日の努力を怠らず、ときには仲間同士で勉強会を開き、どんどん新しいことに挑戦していく人たち。それが僕の考える「意識高い系」の人たちで、そのバイタリティ溢れる生き方は一つの理想形だとも言える。

いつもキラキラと輝いて見える彼らの姿は僕には眩し過ぎてなかなか直視は出来

ないものの、彼らがある種の先端に立っているのはまちがいないのだから、そういう人がいてくれなければ困るし、どんどん先へ進んで、世界をより良く変えて欲しいと思っている。

もちろん、そんな彼らの考え方についていけない人や、その行動をあまり好ましいとは思わない人たちもいて、あえて言うならそれが「意識低い系」なのかも知れない。本当は高い低いで比べられる話ではなく、異なる価値観の山を登っているだけなので、実は別の「意識高い系」なのだけれども、とにかく「意識高い系」の振る舞いに対して、少々苦々しく思っている人たちがいる。

インターネットの一部だけを覗いていると、誰もがそんなふうに意識が高かったり低かったりしているように見えるけれども、実は、世の中の多くの人はそんな「意識」とは関係のないところで生きているんじゃないだろうか。「意識高い」生き方などに触れることなく、だからそれに反発することもなく、日々の暮らしを精一杯に回しているんじゃないだろうか。そこには「意識」なんてない。ただ生活があるだけだ。彼らからすれば、意識が高いだの低いだのなんて議論は、単なる言葉遊びに過ぎないし、それ以前にそんな世界があることさえ知らない。それが「意識ない系」なのかも知れない。

深くしっかりと考えたわけでもないし、何かを調べたわけでもないから、まだあやふやなのだけれども、自分でぽろりと口にした「意識ない系」という言葉がきっかけになって、トークイベントのあと何となくそんなことを考えていた。

昨日観たとは言わずに
君と入る映画館へ

どうしても辿りつけない
いま未来の地図は
ここにあるのに

それはどこか旅に似て

最近、何かわからないことがあっても、すぐにネットでの検索はしないように心がけている。信頼性の問題もあるが、主には時間の問題からそうしている。何にでも今すぐ答えを得られるような、どこにいても即座にわかるような、そんな速度感覚を少々減らしたいと考えているからだ。

辞書や辞典や関連書を開き、これを丁寧に眺めると、日頃からそうしている者にすれば当然なのだろうが、驚くほど時間が掛かる。

なかなか答えに行き当たらない内に、やがて僕の興味関心に方向転換が起き、当初は予定していなかったものを調べ出すこともある。

ネットで検索すれば、すぐに答えらしき何かが得られるのに、そうしないで答えに辿り着かず、わからないままにする。

わからないと苛々するが、同じくらいに楽しい。僕の場合、すぐに得られた答えはすぐに頭より消え去るが、わからず何度もそのことを考え、そこを起点に膨らんだ妄想は案外長く留まってくれる。

それはどこか旅に似ているようだ。

特急列車でまずは目的地に着き、節約した時間を上手く使って景勝名所を巡るための時間をたっぷりとる旅。ローカルバスで風景を眺めながら、ふと気になった土地で降りて地元の蕎麦を食すような旅。どちらがいいというわけではない。適度な按分で両方の旅をすればよい。

僕はこれまで長く特急の検索をしてきたので、今バスの検索をしているのである。手間も時間も掛かるが予想外の出会いも多くそれが却っておもしろい。

かつて『英語は勉強するな』というそれなりに売れた本があった。内容はよく知らないが、タイトルが妙に印象的だったのでどこか頭に残っている。

もしも今『検索しなければうまくいく』というようなビジネス本を見かけたら、つい手が出るのではなかろうか。

白い世界

それでは、白い世界をご堪能ください。

不安？　だいじょうぶ。

まだ行けるよね？

おつかれさまでした。

最初から何もやらないほうが

数年前までいっしょに仕事をしていた人たちと食事をする機会があって、「鴨さんの仕事のやりかたはおかしい」と散々言われることになった。

弊社は、というのはつまり僕の会社のことだけど、企画会社ということになっているので、あたりまえなのだけれども主に企画をしている。ここで「企画とは何か」なんてことを言い出すとこれまたキリがないから、とりあえず今は大雑把に捉えた「企画」ということにしておく。

広告や番組や商品やサービスを考えたり、ものの名前を考えたり、あたらしい切り口を探したり、問題を解決する道筋を探したり、たんに話し相手になったりするのだけれども、どれも相手からの相談を受けて始まることで、こんなふうにすればいいんじゃないですか、なんてことをこちらから持っていくことはない。基本的には困っている人からの依頼を受けて、いっしょに考えたり、代わりに考えたりするというものばかりだ。

僕は考えるところまでが仕事で、そこから先は自分の領分じゃないと思っているから、考えたものを具体化する部分は先方でやってもらうか、専門家や専門家のチームを紹介して、あとはどうぞそちらにと引き継ぐことが多いし、引き継いだあとはチームの中で何かトラブルが起きたり、企画を修正したりするときだけ再び呼ばれて参加することになる。

さて、ここからが愚痴になるのだけれども、考えるという作業は目に見えない。日本には、目に見えないものにお金を払うということに慣れていない企業もまだまだあって、やがて「すみませんが具体的な成果物にしかお支払いできないんです」という話になるから、そうなると僕としては具体化する部分も引き受けなきゃならなくなる。そうしないとお金がもらえないから、しかたがない。お金は大事なのであります。

でもそれは僕が一番苦手としていることで、もちろんそういうときにも専門家のチームと一緒にやるわけなのだけれども、僕はどうしても採算を度外視して理想形を追求してしまいがちで、とはいえ専門家のみなさんにはきちんと支払わないわけにはいかないから、気がつくと持ち出しというか自腹というか、そういう謎の出費があれこれ発生していて、いろいろ頼まれて企画すればするほど、手元には赤字が残ることになる。

「ほら、そこがおかしいんですよ」

「でも、やるならちゃんとしたいじゃん」

「鴨さん、それは仕事じゃなくて趣味って言うんですよ」

「ああ、そうかも。確かにねぇ」

仕事のつもりで始めているはずのことが、気がつけば趣味になってしまう僕は、やっぱり最初から何もやらないほうがいいのかもしれない。

ちなみに弊社のねこ社員たちは僕なんかよりもずっと賢いので、最初から何もやらないという方針を完全に貫いております。

ねこ社員　業務一覧

弊社は雨が降ったらお休みという建て前になっているのに、相手のある仕事の場合、たいてい向こう側はそうじゃないから困る。向こう側も雨が降ったらお休みってことになればいいけど、まあ、そうもいかないよね。

うちのねこ社員なんて、雨の気配を感じただけで、もう完全にお休みモードに入っちゃってグーグー寝ているよ。

【ねこ社員　業務一覧】

・ねる
・ごはん
・トイレ
・爪とぎ
・毛づくろい
・ものを落とす
・ベッドの保守点検
・キーボードの上に乗る
・原稿用紙を破ってチェック
・イヤホンのケーブルを噛み切る
・気が向いたら、人間の相手をする

好きなふりはしなかった

小学生のころ、男の子はたいていどこかしらのプロ野球チームのファンで、お気に入りのチームロゴが入った野球帽をかぶり、お気に入りのチームロゴのバッジをつけていた。同じ球団のバッジを複数つけている子もいて、僕にはその違いがわからなかったが、似ているようで何かが微妙に違っていたらしい。野球帽のひさしの内側には白いメッシュの補強材が入っていて、男の子たちは、ときどきそれを得意げに引っ張り出しては目隠しのように使っていた。

僕は野球にまるで興味がなかったので「お前どこのファンやねん」と聞かれるのがいつも怖かったし、面倒くさかった。同級生から無理やり渡されたバッジをカバンにつけたこともあったが、それがどの球団のバッジかはよく覚えていないし、やがてそれも外れてどこかへ行ってしまった。

僕のまわりにいる小学生のほとんどは阪神ファンで、黄色と黒の組み合わせであれば、それが工事現場のロープであろうと蜂の巣があって危険だという看板であろうと、いちいち大げさに反応して「ほらあれも阪神や」と騒ぎ立て、常に一大勢力を保っていた。そんな彼らに対して阪急ファンと近鉄ファンが積極的に対抗する一方で、なぜか南海ファンは自分たちが南海好きだとバレないよう陰でこそこそしていて、そのあたりの心境も僕にはさっぱりわからなかった。

「野球に興味がない」と言えばまともな人間でないかのように扱われるのだが、たとえ話を合わせたところで、どうせ昨日の試合結果だのお気に入りの選手だのといった話題になれば、あっというまに僕の無関心さは露呈するのだから初めから好きなふりはしなかった。巨人ファンとでも答えておけば誰も野球の話をしてこなくなるだろうし、そうすればよかったのかも知れないが、言ったら言ったで話がややこしくなったような気もする。

きっと今の子供たちにも、そういうことはいろいろとあるのだろうなあと思う。他人が好きだからといって、それを好きである必要はない。自分の好きなものは自分が好きであればそれでよくて、他人が好きかどうかは関係ない。人間関係を維持したり、誰かの関心を惹いたりするためだけに、たいして好きでもないのに好きなふりをするのは面倒くさいし疲れるから、よしたほうがいい。

他人の心の動きより

「テクノロジーを起点にした新しい表現方法」
「人間のエモーションを刺激するテクノロジーの使い方」

どちらも、とある広告イベントで行われた講演のタイトルである。

最新の様々なテクノロジーを上手く使えば、人の心を大きく動かすことができるし、そうすることで消費者は今までとちがう新しいハピネスを得られるだろうという話で、広告の技術はここまで進化しているのかという驚きといくばくかの恐ろしさを感じつつ、確かにおもしろいといえばおもしろい話題ではある。

でも僕は、その講演を聞きながらぼんやりと別のことを考えていた。他人の心を動かすのではなく、まずは自分の心を動かしたいなと。

目の前にあるコップの水をどうやって遠くにいるあの人に飲ませようか。そう考えるとき、まずそこに必要なのは好きな誰かを想う単純な気持ちだ。この水を飲ませてあげたいと強く願う優しい気持ちだ。その結果、相手が喜んでくれるのであれば、それでいい。

他人の心をどう動かすかよりも、どれだけ自分自身の心が本気で動いているか。その感覚。その熱量。その鼓動。まずそれらがあって、その気持ちを何とか形にするためにテクノロジーやらクリエイティブというものがあるべきだと僕は考える。

もちろん新しいテクノロジーが開発されて、それを何とか実用化したいという思いからつくられるものもあるだろう。でも、やっぱり僕は自分の気持ちからスタートするほうが好きだ。僕にスマートなことは出来ないし、最新のテクノロジーに詳しいわけでもない。今までとちがうハピネスのこともあまりわからない。

だから僕はただ考える。自分と自分のまわりにいる人たちのことを。会ったことのない人とこれからも会うことのないだろう人たちのことを。今までとちがうハピネスどころか、今までのハピネスさえまだ手にしていない人たちのことを。

あの講演を見て僕は自分のやりたいことが少し判った気がした。彼らとはちがう形で、ちがう道の上で僕は考えていたいと思った。

ライバルに
いなくなって欲しいと願う
私の弱さ

猫十戒

一、猫が唯一の主である。

二、別宅を禁じてはならぬ。

三、みだりに叱ってはならぬ。

四、安眠させよ。

五、敬うべし。

六、戦利品を持ってきても驚かぬこと。

七、常に新鮮な水を用意せよ。

八、自由に爪をとがせよ。

九、無視されても我慢せよ。

十、やりたいようにやるから。

リオに向けて

「かわいそうな人が、がんばっているスポーツ」。パラリンピックをはじめとする障害者スポーツは、ずっとそんな風に思われてきたし、今でもそう思われているところがある。

僕たちはずっとそういう考えを変えたいと思っていた。そうじゃないんだと。とにかくカッコいいのだと。本当にすごいのだと。彼らは、鍛え抜いた肉体と身体感覚で、とんでもない能力を見せてくれるアスリートたちなのだと。

ロンドン大会あたりから、少しずつそんな風に考える人たちが増えてきたように は感じている。

でも僕は最近、もっと先へ行きたいと思うようになった。

カッコいい。すごい。そりゃそうだろう。彼らは一流のアスリートたちなのだから、そんなことは当たり前じゃないか。すごいの先にある、おもしろい、楽しい、わくわくする。そんな気持ちを伝えたい。僕たちを夢中にさせてくれるスポーツの醍醐味が、そこにあるのだということを、もっともっと多くの人に知ってもらいたい。

感動ではなく興奮を。

今、僕はそんな風に考えている。まだ、少しばかり道は険しいと思う。でもその道は、二〇二〇年の先へと続くこの国の未来に確実につながっている。

まずその一歩を、リオから。

（初出　ＮＨＫ「ハートネットＴＶ」ＷＥＢサイト）

手品師

エッセイ集『どこでもない場所』用に書いたが、ページ数の関係で収録できなかったもの。

小学生のときの通知簿に可愛気がない、子供らしくないとはっきり書かれたことがある。僕自身はそのことをあまり覚えていないのだが、母が度々そう言うからたぶんそうなのだろうし、いつまでもそれを口にするから母にしてみると相当ショックなことだったのだろう。

確かに可愛気はなかったかもしれない。

僕にはどこか大人を馬鹿にしているようなところがあったし、先生が一生懸命に話をしていても右から左に受け流して空想に耽っていたし、授業中ほとんど話を聞いていないくせに突然の質問にはちゃんと答えるし、だからと言って注意をすれば皮肉を言うやらへらず口を叩くやらで、これには先生もかなり腹が立っただろうと思う。少なくとも僕なら腹が立つ。

けれども、僕がそういう態度をとるのには、それなりのわけがあったのだ。

「いいかげんに静かにしなさい。先生の話を聞きたくないのなら出て行きなさい」と全校集会で校長先生が言うから出ていこうとしたら体育館の出口で捕まり、みんなが帰ったあともずっと居残りさせられて叱られたことがある。

「話を聞きたくないから出て行こうとしたのだ」という僕の言いわけはもちろん通用せず、出て行こうとした行為だけを責められることがどうにも納得いかなかった。

話を聞かせたいのなら「ちゃんと話を聞け」と言えばいいのに、そう言わない大人を卑怯だと思った。

あれは小学二年生だったか三年生だったか、ともかく僕のいたクラスでは、おそらく他のクラスもそうだったのだろうけれども、定期的に週末の授業時間を一コマ使って、児童たちがそれぞれ何かの出し物を見せるという、演芸会のような催し物が行われていた。

お楽しみ会という名前だったと思う。

その日のお楽しみ会で、僕は手品を見せることになっていた。手品といってもそれほど大げさなものではなく、お祭の露店商で売っている、タネも仕掛けもある道具を使うもので、その道具さえ持っていればほとんど練習などせず誰にでもできる簡単な手品だ。当時、手品はちょっとした流行で、学校の図書室にも入門書がたくさん置かれていたし、誰もがそういった道具を手に入れて周りの人を騙し、驚かせ、楽しませていた。

歌があったり、寸劇があったりと、会の出し物は順当に進み、いよいよ僕の番がやって来た。この手品道具は、まだ僕の周りでは誰も持っておらず、つまり、タネや仕掛けを知っている者はいなかった。

僕はもったいぶった手つきで道具を取り出し、タネと仕掛けをうまく隠しながら唯一マスターした手品を実演して見せた。

道具を持っている僕にしてみれば、たいしたことのないバカバカしいタネと仕掛けなのに、それでもさすがに手品は手品で、初めて見るクラスメイトたちの目には不思議な手品として映ったようだった。素人が手品をやるときに一番大切な原則は一度しか見せないことだ。さっと見せたあとは「どうなってるの？」と聞かれても「さあねぇ」とニコニコしながら片づけるくらいが丁度いい。道具についていた説明書にもそのように書かれていた。

手品に限らずそういうものはたくさんある。たった一度だからこそ価値のあるものなのに、僕たちは何度も繰り返してしまうことで、飽きられたり価値を失ったりしてしまう。

それでも僕は「もう一度やって」というリクエストに応えた。実を言うと、一度目はかなり緊張していたせいで、うっかりタネが見えそうになっていたのだった。誰にも気づかれなかったけれども会心のできというわけではなかった。

二度目はそのあたりも完璧で、一度目よりも遥かに上手く実演することができて、僕としてはかなり満足いくものだった。これ以上見せる必要はない。完璧な手品は完璧なまま終わらせてこそ意味がある。みんなの不思議を保つことができる。

「はい、終わりです」そう言うと、クラスメイトたちはみんな大きな拍手をしてくれた。拍手をされるなんて体験をあまりしたことのない僕は、少し上気しつつ自分の席に戻ろうとした。

不意に後ろから腕を掴まれた。担任の先生だった。四十代半ばの女の先生で、通知簿にわざわざ可愛気がないと書くくらいだから、どちらかというと僕はその先生に最初から好かれていなかったように思う。

「ちょっとそれ貸して」

「なんでや。いやや」僕は抵抗した。僕が手にしている道具のタネは本当に単純なもので、渡せばその時点で仕掛けがバレてしまう。

「見せなさい」先生はそう言って僕の手から手品の道具を無理やり奪い取った。

「ああ、こういう仕掛けね」そうしてクラスの児童たちに向けて「ほら、ここを隠してたのよ」と手品のタネを披露した。わああという歓声が教室内に沸き起こった。

「これはインチキなのよ」先生は満足そうにそう言った。

そりゃあインチキだろう。だって手品なのだから。本当に鉄の輪を通したり、お金を増やしたり、何もないところから鳩を取り出したりできると思っているのだろうか。バカじゃないのか。僕はせっかくのみんなからの拍手を台無しにされたような気がした。

「なんでバラすねん！」

「手品なんて嘘ですからね」

嘘は良くないとでも言いたいのだろうか。だったら映画も本もぜんぶ嘘だからやめろというつもりだろうか。嘘だからバラす。嘘だから裁く。僕は先生の言葉の中にある種の傲慢さを感じていた。もちろん傲慢なんて言葉はまだ知らないけれど、そういう何かを感じ取っていた。

「先生のほうが嘘つきや」そう言った僕は自分の声が震えていることに気づいていた。

「先生は自分が知りたかっただけやんか。知りたかったら知りたいって言えばええやんか！　なんで嘘つくんや！」足が小刻みに震えていた。

そう言われた先生は、あきらかに動揺していた。

「はい、それじゃ次の人」先生が押しつけるように返してきた道具を僕はそのまま机の上に放り投げて教室を出た。授業中に教室を出たというのに、先生は僕を追い掛けては来なかった。

そのあとどうしたのかははっきり覚えていないけれども、きっと教室に戻って不貞腐れた顔をしたまま、みんなの出し物を見ていたのだろう。どうして先生があんなことをしたのかは、いつまで経ってもわからなかったし、実は今でもよくわからない。

小学校を卒業して十年近く経ったころ、創立何周年だかの記念に発行する卒業生名簿に載せるということで、卒業生の進路アンケートのようなものが実家に届いた。僕はしばらくあれこれ考えたあと職業欄に手品師と書いた。あれ以来、人の前で手品を披露したことは一度もないのだけれども。

先生がそれを見たかどうかは知らないし、たとえ見たとしても何かを感じたとは思わないが、もしもあのときの一件を覚えていたとすれば、なかなかの皮肉だったかもしれない。

僕に可愛気がないのは、どうやらあのころからずっと変わっていないらしい。

そこから先のことを考える

ひょんなご縁から、ラジオの生放送に出演する機会がこれまで何度かあって、そのたびに僕は、番組に出演する代わりに事前にいただいたメールに返事をする形じゃダメだろうかと、放送の直前まで悶々と悩んでいる。どちらかと言えば、僕は人から何かを聞かれたときにあれこれ考え込んでしまうタイプだし、正確に答えようとすればするほど、どんどん複雑な言い回しになってしまうので、そもそもが生放送には向いていないのだ。あとから録音を聞き直すとどの質問に対しても「ええーっと」という長い前置きがあって、ディレクターとしての僕は「ああ、もっと簡潔に話せよ」とイライラするんだけれども、出演者としての僕にはあれが精一杯。やっぱりどう考えても向いていない。

「ええーっと」という前置きのあとパーソナリティからの質問に答えながら、僕は頭の中で「ああ、いま僕の言っていることはちょっと違っているな、正確に言うとかなり長くなっちゃうんだけれども、本当はもっとこういう感じで、ああ、でもそれだといくつか例外があるな、とすると……」なんてことを延々と考えている。ところが放送はどんどん進んでいるから訂正する隙もなく話題はとっくに次へと移っていて、僕が頭の中で正確な表現を思いついた時には、もう新しい質問が投げかけられているのだ。モンティ・パイソンの有名なスケッチ「スペイン宗教裁判」で、マイケル・ペイリンが数字を何度も言い直すというものがあるけれども、僕にとってラジオの生放送で話すのはどこかあれに似たような感覚なのであります。

言葉を口にするときに、僕は自分の話すことが本当に自分の考えたことなのか、それともほかの誰かが言ったことを自分の考えだと思い込んでいるのか、あまり区別がつかない。借りて来た言葉はできるだけ使いたくないのだけれども、言葉というのは結局のところ借りたものでしかなく、きっとそのあたりにいろいろとモヤモヤする原因が潜んでいるのだろうと睨んでいる。

自分の言葉を本当に自分だけでつくり出せるとは思っていないし、自分だけのオリジナルの言葉では誰にも伝わらない。言葉というのは結局のところ他人から受け継いでいるものなので、あまりそこにこだわりすぎるのはよくないとわかっている。それでも、やっぱり僕は誰かの言ったこと、誰かの考えたことを、言葉とともに受け継いでしまって、まるで自分で考えたかのように思い込んでいるのではないだろうかと不安になる。別に不安になる必要なんてないのだけれども。

言葉に限らず音楽や絵画や映画といった聴覚や視覚の芸術でも同じようなことはあって、かつて僕はそれを芸術の遺伝子と言ったことがある。そういえば、のちにそういうタイトルのついたテレビ番組が放送されているのを見て、ああ似たようなことを考える人はいるんだなと思ったのだった。

今でこそ交響曲として知られるムソルグスキーの『展覧会の絵』は、もともとはムソルグスキーが若くして亡くなった友人である画家の遺作展で着想したピアノ作品で、それをリムスキー・コルサコフが交響曲に仕立てたものだ。さらにそれをELPがロックにアレンジし、あるいは窪田晴男が現代ジャズとして演奏した。そういった音楽からこんどは絵や小説や映画や、あるいはテレビ番組が着想されて、再び視覚芸術に戻っていく。引用だとかリスペクトだとか、あるいはオマージュという言いかたもあるけれども、要するにものごとは連綿と繋がっていて、どこかで断ち切ることはできない。

それはものを考えるときでも同じで、僕たちはゼロから何かを生み出すことなどできないし、常に先行する人々の仕事から少なからず影響を受けている。

どれほどすばらしいことを考えついたとしても、たいていのことはとっくに昔の誰かが考え済みなのだ。その一冊の本を読んでさえいれば、最初から彼らと同じ結論に立てるのに、読んでいなければ同じところへ辿り着くまでに随分と遠回りをすることになって、それはなかなかもったいない話だと思う。

だからこそ、これまで誰がどんなことを考えてきたのかを意識的に知ることは大切だし、そうすることで、初めてそこから先のこと、彼らが考えたことの続きを考えられるのだから、その意味でも古典を学ぶのは重要なのだなあ。

心の材料

僕たちは自分が怒るとき、その怒りの原因は相手にあると思っている。ところが同じできごとに出遭っても怒る者と怒らぬ者がいる。万人が等しく怒るものごとなど何処にも無く、できごとへの関わり方や、知識の深さや、育った環境や、そういったそれぞれの人間の違いが、怒りの違いをつくっている。

相手のみに怒りの原因があるのならば、誰もがその相手に対して全く等しく怒る筈なのに、中には怒らぬ者や、あるいは怒りの小さな者がいるのは、つまり怒りの沸き起こる理由は相手でなく自分の中にあるからで、確かにできごとの原因は相手にあるのかも知れないが、できごとへの怒りをつくり出す材料は自分の中にあるのだ。

同じできごとに出遭ってそれに怒る者は怒って当然だと思い、怒らぬ者は怒る者がなぜ怒るのかが解らぬ。お互いに持っている心の材料が違っているのだから、それは当たり前のことで、怒らぬ者を同じように怒らせようとあれこれ鼓舞しても、せいぜい怒って見せる程度のことにしかならぬ。これは詮無いことなのでやるだけ無駄であるし、同じように怒る者を怒らぬ者が諫めようとしてもこれまた無駄なので、僕はいつからか鼓舞も諫言も止めてしまった。

花の代わりにペンを

人はたぶん最後の最後でわかりあうことができないものだと僕は思っている。結局のところ、他人が感じるのと同じように感じることはできないし、他人の考えを完全に理解することはできない。だから人はとても孤独な存在で、どこまでいってもお互いのことがわからない、わかってもらえないのだということを認めたところから、それぞれの関係をつくっていくしかない。

どうしてもわかりあえない孤独な存在どうしが、それでもなんとか互いにわかろうとする希望として言葉があるのだと僕は思っている。

本音を言えば、Charlie Hebdo の表現スタイルはあまり好きではない。僕ならああいう表現はしないだろうと思う。それでも、言葉を（彼らの場合には絵も）使って自分たちの考えていることを何とか伝えようとしていた彼らが、その言葉が原因かどうかはわからないにしても、暴力によって言葉を奪われてしまったことはとても残念だと思っている。

そこにはたくさんの花が置かれていた。僕は献花をする代わりにペンを一本だけ置いてきた。弔辞の代わりに薄墨の筆ペンを。

回文

かいぶん【回文・廻文】上から読んでも下から読んでも、同じ言葉になる文句

この手でなお、またあの子ね、仔猫の頭をなでての子。
トルシエ怖がるキーパー切る側、声知ると。
ベタも好きかと聞いて素振りをして、塩リブステーキと牡蠣酢も食べ。
リアに虎口。今月原稿ここにあり。
願いが沈下。妹いるからこの子ら軽いと思い、勘違いがね。
色へ悶える男と折る枝もエロい。

サウイフモノニ　ワタシハナッタ

雨が降ると休みたくなって
風が吹くと家から出るのがいやで
小物で小心者で
何かあればすぐに誘惑に負けて
強い人や怖い人の言うことはよく聞き
立場の弱い人には冗談を言って愛想笑いを求め
人の話はあまり聞かず
聞いてもすぐ忘れ

忘れているくせに知ったかぶりをして
東でも西でも北でも南でも面白そうなら顔を出し
つまらなそうならすぐに帰り
今日はガマンしようと思っていたのに
甘いもの食べちゃって後悔し
独りが好きなのに独りぼっちは苦手で
寒い夏には風邪をひき
みんなからはバカじゃないのと言われ
褒められたら舞い上がり
いろいろ面倒くさがられる
そういう者になった気がする

撮れそうにない

仕事は別にして、僕は最近、個人的な写真をあまり撮らなくなった。我が家を自由気ままにウロウロしているねこたちの写真はときどき撮るし、それをネットに公開もする。心を動かされるものに出会えばスマートフォンに取り込むこともある。それでも僕は以前よりも写真を撮らなくなったと思う。

若いころはどこへ行くときにもカメラを持っていて、気になるものをやたらと撮っていた。そのころの写真が貼られたアルバムを見れば、いつどこで何をしていたときに撮ったものかをすぐに思い出すことができる。

写真は時間を瞬間に閉じ込めて固定する。アルバムに貼られているのは、写真などではなく、僕の記憶だ。かつての僕の日々そのものだ。その一枚一枚の中には、まちがいなくあの時の僕が潜んでいる。

写真をあまり撮らなくなったのは二〇一一年からだ。

はっきりとした理由があるわけじゃない。ただ、目の前に広がる荒涼とした現実に圧倒され、これは僕なんかが撮る写真に固定できるものではないと感じた。自分が何のために写真を撮ろうとしているのかがわからなくなった。そして、何の覚悟もなくカメラを向けることが恥ずかしくなった。それ以来、僕は写真を撮ることが少し苦手になった。目の前で何かが起こるたびにスマホを取り出す人の数が増え、なんとなくそれを嫌だと感じるようにもなった。

撮影するための道具は便利になった。フィルムの残りを気にすることも、現像する必要もない。でも、僕の撮る一枚一枚の写真には、今もちゃんと僕が潜んでいるだろうか。パソコンに映る写真を見て、僕はそのときに自分が感じたことを思い出せるだろうか。

なぜ僕はそれにカメラを向けるのか。何のためにそれを撮るのか。

その理由がみつかるまでは、やっぱりあまり撮れそうにない。

人は頭で食べている

数年前のことだ。しばらく澳門《マカオ》に滞在しているときに香港の銀行に急用が出来て、急ぎ船で渡ることになった。朝一番のフェリーで香港へ渡ったものの、中国政府の通達だの書類の不備だの何だので、随分と時間がかかった上、慣れない言葉に手子摺ったが、なんとか用を済ませたのち、ふいに腹が空いていることを思い出した。あまりにも忙しいと腹の空いていることさえ忘れてしまう。

街の中でグズグズして時間を失いたくなかったので、先ずは澳門へ戻る乗船場まで電車で行ってから、近くにある中華定食屋へとりあえず入った。

汗を拭きつつ、渡された品書きを覗き込むと鰻炒飯なるものがあり、なぜかわざわざ日本語で「味に自信あり」と書かれている。これはおもしろいと、さっそくその鰻炒飯を頼んでみた。

ここで鰻に関して補足しておくが僕はもう鰻を食べない。これは数年前の、しかも香港での話なので差し引いていただきたい。

しばらく待たされた後に出てきたのは、ベチャベチャとしたご飯に刻んだ鰻を混ぜ込んだ炒飯。炒飯特有のご飯のパラつき感は皆無である。この水分量、どうもほとんど炒めていないようだ。しかも調味料に砂糖を使っているせいで、妙に甘い炒飯である。

いったい何だこれはとしばらく困惑していたのだが、やがてようするに、これはうな重のご飯の部分ではないかと思い当たった。不思議なもので、それまでは、なんとも不味い炒飯だと、一口食べるのでさえ苦痛だったのに、これはうな重のご飯だと考えた瞬間から、そこそこ美味いものじゃないかと感じ始めるのである。別に料理が変わったわけでも、味が変わったわけでもない。さっきとまったく同じものを食べている。

結局のところ、人は料理そのものの味ではなく文脈を味わっているのである。つまりは、舌ではなく頭で食べているのだ。

がんばってと
何度も言われたら
走るのをやめたくなるだろう
君だって

パンとバスと2度目のハツコイ

今泉力哉監督の新作『パンとバスと2度目のハツコイ』の試写にご招待いただいた。

僕は何かの感想を書くのは本当に苦手で、書けば書くほど自分の感じたことがうまく伝わらない気がしてならないし、そもそも自分の感じたことが本当に自分の感じたことだったのかどうかにも確信がない。それでも、心が揺れたことは間違いない事実だし、ご招待いただいた以上、やっぱりちゃんと感想を書いておこうと思うので、今、その記憶だけを頼りに書いている。

時間はゆっくりと、それでも確実に流れ、止まることはない。時間は、日常の些事と少しばかり大きなできごとを、変わらぬことと変わることを、そのどちらをも過去に残していく。残酷なまでに。

でもそれは、僕たちが未来を受け入れるための隙間を作るのには欠かせない作業なのかも知れない。日々を過ごす中で、僕たちがいつか感じた、あるいは今も感じている僅かな心の揺れや戸惑いを、それは僅かだからこそ大切なのだとこの映画は感じさせてくれるのだ。

大げさな言葉はどこにもなく日常と地続きな物語なのに、なぜか、ともすれば空中にふわふわと浮かび上がってしまいそうなファンタジーを、ギリギリのところでしっかりと地面に繋ぎ止めるのは深川麻衣さんの圧倒的にリアルな演技で、彼女の演技がこの物語を地上五〇センチの位置に留めているし、その口から出る「そっか」に僕は何度も痺れた。ときどき挟み込まれる奇妙なカメラアングルも演技が押さえ込んでいくというか、演技との相乗効果で必然のアングルになっていくから不思議だった。

あるシーンで彼女は泣き出す。なぜ泣いたのか。その理由を明示されることはないのだけれども、それでも僕には彼女がなぜ泣いたのかがよく解った。解ったというよりも、彼女が泣いたことそのものが僕自身なのだと思った。僕がいると思った。

それにしても、あそこで泣ける、しかもあれだけ自然に泣ける俳優の力には驚かされる。僕は深川麻衣さんという俳優のことをよくは知らないが、可愛らしい表情と無表情との切り替わりもおもしろいし、あのリアルさを彼女はいったいどうやって身につけたのか。なんだか気になる俳優だ。

畳み掛けるように大きなエピソードを次々に重ねて行くタイプのエンタテインメントも好きなのだけれども、表面的には何も起こらないまま人の心が微かに動き、やがて心の位相がそっと変わるタイプの映画が僕は好きで、この映画もそんな好きな映画の一つになった。

何かに疲れたり傷ついたりしている心が完全に癒されたかといえば、そういうことはなかったのに、そこに自分と同じような誰かがいて、自分と同じように生きているのだという、そして、それでいいのだよと囁かれたような、ある種の安心感をたくさん受け取ったような気がする。

けっして大笑いはしない、でも、なんとも微妙に腹の底をくすぐられるようなギャグもいい感じだったし（とはいえ、二回ほど噴き出したところがある）、公開されたらまた観に行こうと思っている。

淡々としていて切なくて優しい、いい映画だった。

うんざりさせているのだろう

信号が変わるのを待っていると自転車がうしろからすっとやって来て、そのまま僕の脇を通り過ぎると、スピードを落とすこともなく交差点に入った。

もうすっかり暗くなっているのにその自転車はどうやらライトを点けていなかったようで、横断歩道をゆっくりと渡っていたおばあさんが驚いたように腰を引いて足を止める。自転車はさらに加速するようにして、おばあさんのすぐ目の前をすり抜けた。運転していた人はいちどチラリとうしろを振り返ったものの、そのまま前を向いて走り去って行く。

おばあさんはよほど怖かったのかしばらくその場から動けず、そうしているうちに信号が変わってしまった。あれだけのスピードを出す自転車がすぐ目の前を通り過ぎたのだから当然だろう。

慌てるおばあさんがなんとか渡り終わるのを待ってから、信号待ちをしていた車がようやく動き始めた。

自転車の信号無視は本当によく見かける。危ないし怖いからやめて欲しいと思うのだけれども、乗っている人は自分が凶器に乗っているという自覚はないのだろう。

高速道路で渋滞するとどこにも逃げ場がないので困ってしまう。ときどき三車線ある道路の右から左、左から右へと車線を次々に変える車がいる。少しでも前に進みたいのだろうけれども、がんばったわりには到着時間はそれほど変わらないのだし、みんな同じように渋滞に巻き込まれているのだから、諦めてのんびりゆるゆると進むほかない。

ところが、そんな状況の中、路肩を走って行く車がいる。たぶん、通ってはいけないとわかっていながら通っているのだろう。のろのろと進む僕たちを尻目にかなりのスピードで次々に走って行く車を見ているうちに、どれほど急ぎの用件があるのかはわからないけれども、路肩の先に覆面パトカーが停まっていたらいいのになんて、つい人の不幸を願ってしまう。

僕はそれほどルールに固執するほうじゃないし、無駄なルールはいらないとさえ思う者だけれども、たまにあまりにもルールを守らない人たちを見かけると、うんざりすることがある。きっと僕の行動も他の誰かをうんざりさせているんだろうなあと思いつつ。

装丁の楽しみは

左右社の守屋さんが『どこでもない場所』執筆のこぼれ話を書いてくださったので、その補足というか、返信のようなものを書いた。

今日、左右社の担当者から表紙のデザイン案を見せてもらった。まだその案でいくかは確定していないそうだが、使用する予定の紙も含めて想像してみると、おおよそどういう仕上がりになるのか、どういう手触りになるのかがわかるので、とても楽しみになっている。

僕は印刷された文字そのものの並び方が、視覚的にどのように映るかにはそこそこ気を遣っていて、文章の行終わりやページの終わり方、跨がり方などは、ゲラに赤を入れてかなり修正するのに、書体や文字組み、判型などのデザイン周りについては、内容と密接に関係がある場合を除いて、出来るだけ関わらないようにしている。もちろん案を出せと請われたら意見は言うし、もしも自分でやれと言われたら、たぶんこれまでのグラフィックの経験を生かして何かしらの原型をつくるだろうとは思うが、基本的には関わらないほうがいいと考えている。

当然、表紙やカバー、帯、書名の文字組みに至るまで、全て僕の預かり知らぬところで進行するので、毎回出来上がってきたものを見ては「おおお、こんなふうになったのか」と感動している。

デザインに関わらないようにしているのには理由がある。中身を書いた人間が外形のデザインにも関わってしまうと、あまりにも視点や意識が似通い過ぎて、どこにも違和感の残らないものになるような気がしているからだ。一貫した明確なコンセプトなんておもしろくないし、違和感なくわかりやすいものは退屈だ。一つのテキストを元にして、いろいろな人の気分や考えや誤解が混ざりあって出来上がる一冊のほうに、僕はより興味をひかれる。今回の装丁はクラフト・エヴィング商會がやってくださるというから、きっと、さりげない違和感が忍び込んでいるだろう。

そもそも一冊の本をつくるのは僕ではなく、出版社であり、編集者だ。人によって動機は異なるだろうけれども、あんな本をつくりたいな、あんな本があったらいいな、こういう本なら売れるだろうなと知恵を絞って企画を考え、書く人を探し、原稿を依頼し、何とか書かせ、内容を管理し、ときには方向性を指示し、値段を決め、デザインを決め、最終的な本の形に整えていく。あくまでも僕はそのうちの中身を書く部分を担当しているに過ぎない。中身を書く係であるのならば、中身を書くことに徹しているほうがいい。

これはもう人によって考え方が違うし、著者として名前が出る以上はその全てを細かく自分でコントロールしたいと考える人がいるのも知っているし、その気持ちもよくわかるけれど、僕自身は、装丁は編集者のものだと考えている。最終的な見た目やパッケージを整えていく作業は、きっととても楽しいはずで、その楽しみは最初にこの本をつくろうと考え、あれこれ苦労をしながら形にした編集者こそが、とことん味わうべきものだと思うのだ。

家が欲しいと言われ
立ちつくすサンタの長い影

サンタクロースの話あれこれ

僕は定期的にサンタクロースに関するホラ話を書いている。
特に理由があるわけでもないのだが、なぜか書いている。

去年のサンタクロース

もうすぐ寒い土地へ行くので防寒具をしまってあったダンボールを開けたところ、去年捕まえたサンタクロースがセーターの間に挟まったまま干からびていた。そういえば捕まえたきり、うっかり逃すのを忘れていた。

世界の子どもたちよ、今年はサンタさん、君たちのところには行かないと思う。すまぬ。

トナカイはサンタクロースの天敵

どれほどきちんと躾けられていてもクリスマスが終わると、そのまま放し飼いにされた一部のサンタクロースたちが凶暴化して作物を荒らすことがあるため、フィンランド北部のラップランド地方では、クリスマスの後すぐに天敵であるトナカイを農場に放ち、危険なサンタクロースを駆除しているのです。

雄のサンタクロースには角がない

卵を温めて孵化させようとしている雌のサンタクロースはとても危険です。鋭い牙と爪で威嚇してきたり頭にある角で刺そうとしてきたりすることがありますので、たとえ森の中で見かけても近づいてはいけません。ちなみに、雄のサンタクロースの多くには角がありません。

支配からの解放

さっき、サンタクロースがスーパーの前にソリを停めて買い物していたので、こっそりトナカイを逃がしておいた。

時間潰し

予定よりもずいぶん早く用事が終わったので、帰りの便を早められないだろうかとチェックインカウンターで相談したのだが、金曜の夜ということもあって全便満席だという。

それもそうだと思い、空港のラウンジで出発までの数時間を過ごすことにした。幸いなことに、読みかけの本が何冊もあるし、買ったばかりの本もある。僕はサイドテーブルに置いたカップから立ち上るコーヒーの香りを感じながらソファに身を沈め、しばし空想の世界へダイブした。

しばらくして、ふと現実世界に意識を戻した。ラウンジはかなり混んでいて、席はほとんど埋まっていた。仕事帰りのビジネスマンが多いのだろう。ビールやウイスキーのグラスを前に、ほとんどの人がスマートフォンを真剣な顔で、あるいはニヤニヤしながら覗き込んでいる。

ああ、と僕は思った。十五年前ならラウンジで飛行機を待つ人たちは紙に印刷された文字を読んでいた。新聞や雑誌や文庫本はそうやって何かを待つ間に読まれていた。特に目的などなく、ある種の時間潰しに使われていた。

今やその役割はスマートフォンに置き換わったわけで、きっとそれは僕たちがものごとを考えるためのベースも大きく変えたのだろうなと思った。そして、はたして新聞や雑誌や文庫本は、役に立つ何かを得るために利用される、一種の機能商品になったのだろうなとも思った。

まるで何の役にも立たないものしか書かない僕としては、なかなか困った現実ではある。

「8月31日の夜」が続く限り

ＮＨＫの番組『#8月31日の夜に。』をもっと外に広げたい、できれば多くの大人たちに自分がかつて死について考えた経験を語ってもらいたい、メッセージでもなくアドバイスでもなく、ただ体験を語ってもらいたい。そうすることで、いま悩んでいる十代が何かを考えるヒントになれば。

そう考えて相談したピースオブケークがｎｏｔｅに立ち上げてくださった募集テーマ「#8月31日の夜に」。

実をいえば、当初は五十編ほど集まれば充分だろうと思っていた。ところが最終的には、なんと千編近くの記事が寄せられることになって、いま僕は、あらためて人が人に向けて真剣に言葉を紡ぐことの意味と希望について考えている。

これ、一冊の本になるといいですよね。気軽に持ち歩けて、いつでもパラリと開けて、どこからでも始められてどこでもやめられる本に。

本には時間を超えていく力があるから、ここに集められた本気の言葉たちがその力を手に入れたら、きっと未来にも届くと思うのです。

誰かにとっての「8月31日の夜」が続く限り。

またしても雄と雌の話

メロンパン

メロンパンは何万年もの時間をかけて外殻を硬くし、菱形の凹凸をまとうことで敵から身を守るように進化してきた。だがその結果、主にヒトなどのメロンを好む哺乳類が新たな天敵となってしまったのである。特に産卵を控えたメロンパンの雌は動きが鈍くなるため、ヒトなどに狙われる確率が高いのだ。

かも

鶏卵を産めるのは雌のかもだけです。雄のかもは鴨卵しか産めません。

うどん

繁殖期のうどんの雄と雌を適温の出汁の入った丼にいっしょに入れておくと、およそ一週間ほどで子うどんが産まれます。

母うどんのあとについて泳ぐ子うどんは、とてもかわいいのですが、不用意にうどんに近づくと、稀《まれ》に警戒した父うどんが鋭い牙で噛みついて来ることがあるので、充分に注意が必要です。

ポッキー

引き出しの中に隠してあったポッキーが逃げ出して、部屋中をブンブン飛び回ったあげく、天井とクーラーの隙間に入り込んでこちらを睨みつけてくる。手を伸ばすとファッという鳴き声とともにチョコを吐いて威嚇された。

ポッキーの雌は繁殖期には性格がかなり荒っぽくなるので、飼っている人はご注意を。

東京ドーム

一般的な東京ドーム一つには、東京ドーム三つぶんのビタミンCが含まれています。なお、ビタミンCが含まれているのは雌の東京ドームだけで、雄の東京ドームにはビタミンCの代わりにどんよりとしたムードが含まれています。

ミニバン

群馬県を中心に広い範囲にわたって生息するミニバンはバンの雛ですが、適切な水やりを怠ると大きくならずにミニバンのまま成車します。雄のミニバンはしっぽに斑点が見られるのが特徴です。

群馬県

雄の群馬県と雌の群馬県をいっしょにカゴに入れて暗いところに置いておくと、

二週間くらいで小さな新潟県の卵が生まれる。

クレームブリュレ

一般的にクレームブリュレの表面がカリカリッと硬くなっているのは、外敵から身を守るためである。

生後まもない雄のクレームブリュレの表面は、季節によってはかなり柔らかいこともある。

ブロッコリー（その二）

日光に当てないようにして育てられた白いブロッコリーは、カリフラワーと呼ばれています。なお、育て方によってカリフラワーになったり、ロマネスコになったりするのはブロッコリーの雌だけです。ブロッコリーの雄はどう育ててもアフロにしかなりません。普通に育ててもアフロになります。ところで、先日見学に行ったブロッコリー畑は茂木さんだらけでした。

マイクロバス

マイクロバスがバスになるまでにはおよそ四年かかり、その間にマイクロバスは二回脱皮する。

かまぼこ

板かまぼこは、雄と雌がつがいになって海底に巣を作ります。雌のかまぼこが産卵している間、雄のかまぼこは巣の前に板を集めて、餌も摂らずにじっと巣を守ります。

そうして、ようやく生まれた板かまぼこの赤ちゃんは、お父さんかまぼこが集めた板に乗って、広い広い海へと漂い始めるのです。

外車

外車のうち、ハンドルが左側についているものが雌、右側についているものが雄です。国産車の逆なんですよね。

万年筆

ホームページでご案内した通り、失くしたペンケースを探すのは諦めました。仕事にならないので、失くしたものと同じ万年筆を買ってきましたが、さすがに六本いっぺんには買えず、とりあえず雄と雌をそれぞれ一本ずつ買ってきました。さっき餌を食べ終わって、二本とも今はカゴの中で静かに寝ています。

へぎそば

へぎそばは、雄と雌を一緒に茹でないとあの歯ごたえが出ないんだってね。

僕はうっかり雄のへぎそばしか買わなかったから、こんど新潟に行ったら雌のへぎそばを買ってこなきゃならない。

オスプレイ

もちろんオスプレイにも雄と雌がある。すべてが雄だとは限らない。

本当のこと

本当のことを言うとなぜかみんなが怒りはじめる
本当の気持ちを言うとたくさんの人が傷ついた顔をする
だから本当のことはなかなか言えないし
本当の気持ちを口にすることを躊躇うようになる
そうやって自分の考えや思いを少しずつ隠しているうちに
本当のことが何だったのか
自分がどんな気持ちだったのかを忘れてしまう

本当のことなど気にしなくなる
自分の気持ちを忘れても平気になる
嬉しそうな顔をしながら悲しんだり
楽しそうなふりをしながら辛かったり
興味もないのに話を聞いたり
ダメだと思いながら褒めてみたり
なんだか僕は嫌な人間になったなあ

バトンを受け継ぐ者たち

二〇一八年度　東京藝大入学式に出席した時に書いた感想。

その日、上野公園は柔らかな春の光とともに、満開の桜にあふれていた。

桜は不思議な花だ。近づいて見れば、それぞれが可憐なまでに己の存在を誇りつつ、それでいて、多くの花が一つに集まったものを遠くから眺めても美しい。個と全体が同時に成立している。

まだ午前中だというのに花見客が楽しそうに祝宴を始めていた。たしかに美しい光景なのだが、それにしても、やはりこの淡い花の色にブルーシートの青色はどうにも似合わないと思う。誰か花見に使える色のシートをつくってくれないものだろうか。

公園を抜けて藝大の正門をくぐると、周りにいるのは、ほとんどが黒か紺色のスーツを着た新入生たちばかりだ。藝大の入学式ともなれば、変に気合を入れてしまって、ついつい奇抜な格好で出席する学生も多少はいるのだろうと思っていたが、案外みんな普通の服装をしているので僕は拍子抜けした。むしろ地味と言ってもいいくらいだ。

学内を進み、入学式の会場となる奏楽堂へ入ると、すでに客席には新入生たちが着席し始めている。僕はそっと首を回して会場内を眺めた。笑顔を見せている学生は少なく、誰もが不安そうだった。中には前を睨みつけている者もいる。緊張しているのだろうけれども、晴れ晴れしい入学式にしては、なんというか、みんなとても表情が固い。

僕のすぐ隣の席では、もともとの友人なのか、それともこの場で出会ったのか、二人の女子学生が不安を抑えるかのように、ひっきりなしに話をしていた。きっと、晴れの舞台に備えた目一杯のおしゃれなのだろう。やたらと甘い香水の香りが僕の鼻を刺激する。

奏楽堂の壇上には、中央のやや下手側にピアノ、上手側に演台が置かれ、その横には大きな花が飾られていた。

アナウンスが流れて壇上に役員が上がったのち、司会者の発する「奏演」の言葉で場内が暗転する。

すっと舞台上に照明が差し込み、真っ赤な衣装に身を包んだ男女によるピアノの連弾が始まった。

入学式に演奏される曲目が、なぜ連弾なのだろうかと僕は考える。舞台上では二人の演奏家が、ときには前に出て旋律を奏で、ときには支える側に回り、互いに主題を渡し合っていく。そのどちらが欠けてもこの曲は成立しない。僕の頭の中には、さっき見た桜の花がちらりと過ぎる。ときに個となり、ときに全体の一部となり、それでいて常に美しいもの。

楽しく激しく自由に動き回る指から生みだされる音が奏楽堂の中を埋め尽くし、僕は半ばぼんやりと、その音に身を委ねていく。

実はこの曲が演奏されている間、僕には客席に何か白いノイズのようなものが、うっすらと流れているように感じられていた。そこには冬の空気がまとっているような、透明で、しんと張り詰めた静けさはなく、行き場を見つけられずにいるエネルギーが生み出すノイズがあった。体を前後にゆする者、組んだ足を組み替える者、手にした紙を閉じたり開いたりする者。その一つ一つの小さな動きが重なり合い、ノイズを作り出していた。けれども、これこそがきっと春の気配なのだろう。今まさに動き出そうとする者たちの気配なのだろう。

演奏が終わって舞台が暗転すると、ピアノがそっと下げられ、学長がゆっくりと演台に近づいていく。「起立」の合図で学生たちは緊張した面持ちのまま立ち上がり、学長から入学許可を言い渡された。今ここで、彼らはついに藝大生となったのだ。

奏楽堂が暗転し、学長のバイオリン演奏が始まった。ジョン・ラターの『弦楽のための組曲・第三楽章』。原曲はスコットランド民謡のオー・ワリー・ワリー、日本では『悲しみの水辺』というタイトルで知られている曲だ。どんなに気高い愛であっても、いずれは古び、いずれは消えるのだという歌詞は、人間とその愛の儚さを語っている。

それでもこの曲には、このメロディーには癒しがあると学長は言う。

「優れた芸術は人の心に訴えかけ、その空間を支配するのと同時に、芸術には人の心を癒し、元気づける力がある。ここでその力を身につけて欲しい」

芸術は何の役にも立たないと言う者もいる。けれども芸術がなければ、僕たちはこの過剰なまでに効率を求める社会に生きることはできない。効率は人の心とは無縁だ。心は効率の外側にしか存在できない。そして、そこに芸術の役目がある。

ふいに学長の背後にある大きなスクリーンにスライドが映し出された。

「温故知新」故きを温ねて新しきを知れば、以って師と為るべし。スライドを見た僕は首をかしげた。格言そのものはいいのだが、なぜかその横に孔子のイラストが描かれているのだ。どうしてわざわざイラストを入れたのか。まるで意味がわからない。

温故知新という言葉の解説をしたあと、話題が変わっても、孔子のイラストが映し出されているせいで、学長が話しているのか孔子が話しているのかが、だんだんわからなくなってくる。

突然スライドが入れ替わった。さっきまで孔子だったイラストが、ベレー帽をかぶった人物になっている。誰なんだろうあれは。つい僕は笑いそうになる。いつのまにか格言も入れ替わっていた。「温故創新」。故きを温ねて新しきを創る。以って藝大生と為るべし。学長がそう言って挨拶を終える。

役員が紹介された後、壇上では再びピアノ演奏が始まった。またしてもピアノ連弾だ。やっぱりこういう式典では、音楽家が活躍するのだなあなどと思う。そういえば美術や映像の出番はあまりなさそうだ。

ブルースのような不安感のあるマイナーな旋律が奏楽堂内に響き渡る。ローゼンブラット作曲「二つのロシアの主題によるコンチェルティーノ」。二人羽織という愛称で呼ばれている曲だ。主旋律と伴奏が入れ替わり、高音と低音が入れ替わる。次々に音のバトンが渡されていく。音符はフリージャズのように自由自在に跳ねまわり始め、そして演奏者が位置を入れ替えるという大パフォーマンス。自然に大きな拍手が沸き起こる。これこそ芸術が空間を支配する瞬間だ。

温故創新。僕は先ほどの言葉を思い出す。

そう。連綿と続く時間の中に僕たちは生きている。フランスの哲学者ベルナールが言ったように、僕たちは巨人の肩の上に乗る小人だ。過去から学び、その長い時の積み重ねの上に立つことで、より遠くを見ることができるのだ。それは哲学や科学だけではない。あらゆる芸術も同じことだ。受け継いだバトンから新しいものを創り出し、次の世代へバトンを渡していく。個はやがて全体となり、再び次の個へつながっていく。

過去という巨人の肩に乗らない者は、自分の高さでしかものを見ることができない。だからこそ芸術家は故きを温ねるのだ。より先へ行くために。より遠くを見通すために。この場にいる新入生たちも、いずれはそれぞれが乗る巨人を見つけるはずだ。

入学式を終えた後、奏楽堂の外で穏やかな光を浴びた学生たちの表情からは固さが抜け、口元はほんの少しだけほころんでいるように見えた。まだ開く前の蕾。けれども、その中にはすでに何かが詰まっている。

彼らはこれからこの場所で、時間という水を、歴史という養分をたっぷりと吸収し、受け取ったバトンからやがて創造という花を咲かせるだろう。

正門の前では、上級生たちがドラムを叩きながらサンバを踊っていた。いや、踊り狂っていた。本当に彼らはここで創造という花を咲かせられるのだろうか。僕はちょっとだけ不安になった。

ナイフよりも
言葉が突き刺さるときがある
肉体より長く残る
記憶の傷

空気に抗うのは難しい

ものごとの目先だけを新しくするのは、わりと簡単だけど、根っこから変えるのはかなり難しいことで、だから根っこを変えた人に会うと、僕はすごいなあと感心して、それだけでずいぶん満足してしまう。

でも、周りから変えろ変えろという大合唱を浴び続ける中で、本当にそれを変えたほうがいいのだろうかと考え、悩み、確信が持てるまで粘り続け、守り抜く人のほうが、本当はもっとすごいのだと思う。

僕たちは、何かに行き詰まるとどうしても変えたくなる。変えることが正しい場合もあるし、むしろそのほうが多いかも知れない。だからこそ、変えろと言われながらも変えずにいるのには、とても強い胆力がいる。

惰性ではなく先送りでもなく、考え抜いた結果、あえて変えない選択をするのには、変えるのと同じくらいの勇気がいるのだ。

そっと忍び寄る圧力や、何となく漂う空気や気配に負けずにいつづけるのは、本当に難しい。

インチキ格言集　再び

「ねこ社員に経理は無理である」

「どの猫にも、必ずひふみんに似ている角度がある」

「道いっぱいに広がっているグループは、たいてい歩くのが遅い」

「暑さが過ぎるとやる気が消える」

「誠実な沈黙は、言葉を尽くすのと同じことだ」

「我々は、おすしに埋もれて生きるべきである」

「ついさっきまで目の前にあったはずのプリンが、
なぜかもう無くなっている」

「ビュッフェでの料理の選び方に、
その人の好き嫌いが表れる」

「お布団には流派がある。表布団と裏布団である」

「大きくなったら、小さくなるといい。
大人になったら、子供になるといい」

「常識とは多くの人の思い込みに過ぎない」

「私にお賽銭を投げることのできる者と
できない者とそれ以外の者のみが、私にお賽銭を投げなさい」

「眠いときには眠ると良い」

「筋トレとは、スポーツジムの会費を払うことである」

「発注がなければ書き始めない。
〆切がなければ書き終わらない」

「小さな声で話したほうが、人は聞いてくれる」

「考えるな、感じるな、買え」

「常に、かなり低めのハードルを楽々と越えていきたい」

「人は誰もが一生いきる」

「多様性とは、異なる考えを受け入れることではなく、
異なる考えが存在する世界を否定しないことである」

「白か黒かと問われたら、僕はグレーだ」

「かゆいところはありませんか？　と聞かれても、
どうせ本当のことなんて言えないのだから、
はじめから聞かないで欲しいものである」

「記憶とは、材料とレシピの保存であり、料理そのものを保存するわけではない。したがって、そのときの調理しだいで変わりうるものなのだ」

「犬は時間、猫は空間」

「自分自身で見聞きしたことは信用できない。自分の体験には自分のバイアスがかかっている」

「天然のアスパラガスに火を近づけると爆発する」

「旅に目的など要らない。旅に出ようと決めた時点でもう目的は達成されている」

「人は、ひどく酔うと酔っぱらう」

「金曜日の終わり。それは常に月曜日への序奏」

ほら、もう起きなさい

いま僕の住んでいる辺りは住居が密接しているので、近所の人が家の中で会話している声が耳に入ってくることがある。特に夏場はお互いに窓を開けているから、かなり良く聞こえてしまう。

隣の奥さんが子供たちに「ほら、もう起きなさい！」と言う声が僕の耳に入った。二度寝を決めてベッドの上でウツラウツラとしていた僕は寝ぼけてうっかり「はーい」と大きな声で返事をしてしまい、それを聞いた隣の子供たちが大笑いをする。

姉妹が会話をしている声が聞こえてくる。

「私はお姉ちゃんから見ると妹」

「そう」

「パパは私から見るとパパ」

「そう」

「パパはお姉ちゃんから見てもパパ」

「そう」

「パパはママから見たら……おじいちゃん？」

「そう」

パパの複雑な心境を思い、僕は噴き出しそうになる。


プライバシーだ個人情報だと口酸っぱく言われがちな昨今だけれども、ああ、たぶん落語などに出てくる江戸の長屋っていうのは、こんなふうにお互いの生活が筒抜けで、それでいてまるで知らないふりをしながらつき合い暮らしていたのだろうなと思う。

もちろん人に知られたくないことは知られたくないし、筒抜けになることでお節介ごとや余計なトラブルもたくさん起きるのだろうけれども、誰かの暮らしの奥底を無理やり突き回して暴き楽しむのではなく、たとえ薄っすら知っていても、それ以上のことは詮索しないし、何か問題が起きない限りは知らないふりをする。そうやって上手く暮らしていく。

江戸の時代とは違って知られたことはあっという間に遠くまで広がり、噂は二度と消えることがないから慎重になるのはわかる。でも結局は、知らないふりをどこまでできるかという、受け手側の問題もかなり大きいんじゃないのかなあ。

僕は自分の人生で手いっぱいだから、他人の人生との関わり方はせいぜいそれくらいが丁度良いし、少なくとも僕はそうしたいなと思うのだった。

フェイスブック・ノートのこと

かつて某公式フェイスブックのページで、時折、それなりにまとまった文章を書いていたのだが、それらはすでに削除されていて、今ではもう読むことができない。

そのほとんどはどうでもいい駄文だったのだけれども、やはり二〇一一年に起きたことは間違いなく僕の人生に大きな影響を与えていて、まとめて読み返してみると僕自身のものごとに対する考え方が何となくわかるような気がしている。

当時フェイスブック・ノートに書いた文章のうち、たまたま手元にとっておいたものの多くは加筆・修正してｎｏｔｅに掲載したが、それ以外のものは、できるだけ手を入れず、主語も「僕」ではなく当時使っていた「私」のまま、掲載していた時系列順にまとめて載せることにした。

書いてからそれなりの年数が経っているし、今になって見ればあきらかに認識を間違えていたことや、今更感のあるものも少なくはないが、それでもここに書いたものは、たぶん今でも僕の核になっていると思う。

約束

「これから何年もかけて、人が少しずつ減っていくんでしょうね」

福島のその人は、ちょっと寂しそうにそう言いました。駅前の小さな広場に立ったまま、私は何も答えることが出来ずに、いただいた缶コーヒーをただ黙って飲んでいました。缶のラベルには微糖と書いているのにそれはとても甘く感じられて、私は、そういえば「微」ってマイクロという意味なんだよな、などということを考えていました。

「もう起きてしまったんです。だから誰が悪いのだとかあの時どうすればよかったなんていう話をしているのを見ていると腹が立つのです」

学校の先生をしているその人はそう言って、大げさに手を振りました。缶から少しだけコーヒーが飛び出して、乾いたコンクリートの地面にこぼれました。白っぽい灰色のコンクリートに落ちた数滴のコーヒーは黒っぽいしみになったあと、すぐに薄い茶色に変わり、そこにあったという形だけを残して消えていきました。

「僕はね、元に戻せなんて言いません。でもね、だったらちゃんとした病院をつくって、毎月きちんと子供たちの検査をしてね」

先生はそう言ったあと、急に黙り込んでコーヒーの缶に口をつけました。そうして、しばらくの間、私たちは二人とも黙ったままコーヒーを飲んでいました。

風は涼しいのに日差しが暑くて、私たちの額にはうっすらと汗が浮かんでいました。

「そう、早期発見、早期治療。ああ、子供たちが病気になることが前提だなんてね」

先生はそう言って、とても悲しそうにため息をつきました。私はやっぱり何も答えることが出来ず、悲しそうな色の目をした先生の顔をただ見ているだけでした。空は夏というよりも秋のような高い空で、こんなに澄んだ青い空の下で線量計がときどきチチチという小さな音を立てるのが不思議なほどでした。

電車の来る時間が近づいてきたので、私は軽く会釈をして小さな駅の小さな改札に向かいました。無人駅の改札は改札というよりはただの入り口で、誰もいない駅の中央に遠慮がちに口を開けている様子は、そこをくぐれば別の世界に向かう秘密の入り口のようにも感じられました。

「また来てくださいね」

少し離れたところから、唐突にそう言われました。

「また来てください」先生はさっきよりも強い口調でもう一度言いました。

「また来ます」私はそう答えて、先生の世界と私の世界とをつなぐ小さな入り口をくぐり抜けました。

この入り口を決してふさいではいけない。そう思いながら私ももう一度言いました。

「先生、また来ますよ」

スタートライン

薄曇りの空からパラパラと小雨が降り出して、乾いた砂のグラウンドを湿らせ始めたのに、けっきょく誰もその場を動こうともせず、夢中になって話を続けていました。あの時この場所で何が起きたのか、どんな光景を見たのか、そして自分は何をしていたのか。言葉の端々に深い傷と悲しみを感じさせながら、自分が生きているということにさえ疑問を感じながら、それぞれが休むこともなく、その思いをずっと語り続けていました。

津波ですべてを失った町には、ただ何もないという状態だけが広がっていて、そこに家が、駅が、店が、人の暮らしがあったのだという過去さえ感じさせない、あまりにも悲しい光景だけが残っていました。そうした光景の中で、もう一度自分たちの町を取り戻そうとしている人たちが、小雨が降る中で、ありったけの思いを私に向けていました。

その町に暮らす人の多くは年配者で、少し気が抜けてしまったように座ったまま、ぼんやりと優しい笑みを浮かべる人も少なくありませんでした。だからこそ僕たちが頑張らなければならないんです、町の若者と呼ばれる人たちは、私にそう言いました。でも、彼らは決して強いわけではありませんでした。いつでも逃げられるようにと背負ったままのリュックサックを、けっして下ろそうとしない人。おそらくは、もう二度と使うことのない自宅の鍵を今もずっと持ち続けている人。津波のことを、実は何も覚えていないんですと困ったように話す人。三月以来ほとんど眠れていないのだとこっそり打ち明ける人。

本当は自分のことを考えたいはずなのに、自分のことよりも町のことを考えなければいけない。私には、彼らがそんな義務感を抱えながら、復旧を、復興を語っているように感じられました。少しでも明るく見えるように、少しでも元気に見えるように、そして、少しでもまわりの悲しみや苦しみを和らげるために、彼らはたくさんの心のエネルギーを使っているように見えました。町を離れるときに高台から見下ろした海は、薄曇りの空と遠くでつながったままゆったりと広がっていて、あれほどの巨大な津波となって町を襲ったことなど一度も無いかのような穏やかな気配を見せていました。

数か月が経ちました。

「あの時、ずっと話し続けていたのは、怖かったからなんです。津波だけじゃなくてね。将来のことを考えると不安で不安でたまらなかったからなんですよ」

食事がすすみ、少しだけお酒が回ったところ、それまで冗談を言ってまわりの人たちを笑わせ、自分も先頭に立って町の復興を実現しようとしている一人の男性が、大きな声を上げて泣き始めました。その場にいた誰もが少し驚いた顔をしながら、そっと彼を見ていました。冷たいと思われるかも知れませんが、私は焼酎のグラスを持ったまま嗚咽をあげる彼を見ながら、実はホッとしていました。

十六年前に起きた阪神淡路大震災では、被害にあった人たちがようやく仮設住宅に入ったあと、それまで周囲を笑わせ、楽しませ、元気づけていた人が、急に自らの命を絶つということがあったそうです。悲しみや不安を抱えたまま、でも、その思いを誰にも見せることができなかったのでしょう。そんな悲しいできごとを、決して繰り返してはいけないと思うのです。もちろん今回の厄災がなければ、彼が泣くことはなかったのですから、彼が泣いたことは決して嬉しいことではありません。けれども、ずっと先頭に立って頑張り続けてきた彼が、自分の感情を見せてくれたことに、私は少しだけ安心したのです。

彼もまた、たくさんの思いを抱えていました。津波が襲った直後に目にしたもの。それから数日の間に体験したこと。彼がこれまで誰にも話せなかったこと。話を聞いているだけの私でさえ、堪えきれなくなるような言葉を何度も口にしたあと、彼はようやく泣くのをやめ、柔らかな表情に戻って言いました。「もう大丈夫です。やっと泣けました」

そして彼は天井を見上げ、焼酎のグラスを眺め、私たちを見回したあと、いつも冗談めかして見せるマジメぶった表情に、けれどもその目には強い力を込めてこう言いました。

「でもね、やっとスタートラインです。本当の絶望はこれから始まるんですよ。だからもう、泣いてなんかいられません」

すべてが一段落してようやく実感する未来への不安を、私たちはどう支えていけるのか。これから本当の支援が始まるのだと思います。

モヤモヤした気持ちのまま（一）

「ホントのことを言うと、よく、しかられる」というのは、コピーライター仲畑貴志さんの言葉です。たぶん、私もホントの気持ちを言うと、多くの方からお叱りを受けるのかも知れないと思いながら、それでもこのモヤモヤした気持ちを含めて、ここに書くことにします。きっとうまく整理の出来ていない文章になってしまうと思いますが、どうかご容赦ください。

ものごとを考えるときには、分類や整理をして問題を単純にすると考えやすくなります。だから私も気を抜くと、今回の震災について、すぐに「被災者」「被災地」という分類をしてしまうようです。でも被災地を訪ねて以来、それは少し間違っているのかも知れないと感じています。

私が被災地で目にしたものは、報道で見たものや想像していたものとは、まったく違ったものでした。私が訪ねたところは、津波による被害が最も大きいといわれる被災地の一つで、それは思っていた以上に凄惨な光景でした。これまでどんな災害現場でも見たことのない光景でした。現地に立った私には「何もない」という言葉しか浮かびませんでした。けれども同時に、そこには私が思っていた以上に、強く立ち上がろうとする人たちがいました。

もちろん失われたものは大きく、悲しみと絶望の中で光を見失っている人たちもたくさんいます。まだ未来のことなど考えることはできず、三月十一日で時計の針が止まっているような感覚です。それでもその針を一秒でも前へ進めようとする人たちが確かにいました。

それは、これまでの報道や自分の経験から「被災地とはこういうものだ」「被災者はこういう気持ちだろう」と思い込んでいた私の想像を超える強い意志や、あっけらんとした明るさでした。彼らと会って話し、笑ったり泣いたりする中で、人の気持ちを勝手に想像して「被災地はこんな状況（のはずだ）」「被災者はこう思っている（はずだ）」と声高に叫ぶことが、いかに滑稽なことか、いかに的外れなことなのかを思い知らされました。

体育館に設置されたパソコンで、自宅が津波に流される様子が映されているネット動画を何度も繰り返して見ている子どもたちがいました。

「悲しくないの？　怖くないの？」そんな私の質問に対して「だって、自分の家が無くなったんだよ。どうやって無くなったのか、ちゃんと知っておきたいでしょ」という返事が返ってきたとき初めて「ああ、私は思い込んでいた」と強く感じました。

もちろん「怖いから見たくない」という人だっていますし、全てを失ったからこその明るさもあるでしょう。それでも、やっぱり私は自分で「被災地とは」「被災者とは」を決めつけていたのです。本当は、そこにあるのは「被災地」ではなく、そこにいるのは「被災者」ではなく、それぞれの「どこか」「誰か」「何か」だったのです。

「被災者」の数は二十万人とも言われています。確かにそれは、数としては正しいのでしょう。けれどもその二十万人の「被災者」は一人ひとりが異なった暮らしの中で、それぞれに過去と未来、悲しみと希望を持っています。その圧倒的な数の前で、私は無力な存在です。二十万人の「被災者」を支援することなどとても出来ません。私に出来るのは、私が出会ったわずかな人たちの、その一人ひとりの声にできるだけ耳を傾け、何がその人にとって最初の幸せになるかを考えること、彼らが「ああ、これって幸せだよね」と言える確かな何かを一緒に探すことだけです。

自分に出来ることは、本当に小さなことなのだと自覚すれば、私自身のルールは簡単です。しっかりと見つめること。ずっと想像すること。ずっと耳を傾けること。そして、自分の勝手な思い込みで「被災地は」「被災者は」という言葉を使わないこと。「私にわかるのは、自分が訪れて話をした彼らの、さらにその一部のことだけなのだ」を忘れないこと。そんな私なりのルールをこれから心がけていきたいと思っています。

モヤモヤした気持ちのまま（二）

今回もまた、あちらこちらからお叱りをいただくのかも知れないとドキドキしながら、それでいて何か明解なことが書けるわけでもなく、ただ今の私が思っていることを、どうやらモヤモヤと書くことになりそうですが、何卒ご容赦ください。

最近、私はずっと速度について考えています。三月十一日以降、今なお続いている大きな厄災について考えるとき、速度についてしっかり考えなければいけないなと思っています。

緊急事態が発生したときには、素早い動きをすることがとても大切です。今回の震災でも、こんなに素早く行動する人たちが、こんなにいるのかと驚かされるほど、たくさんの人がそれぞれの立場で出来ることを行っています。けっして過去形で語れるものではなく、今も進行中の災害ですから、その手を緩めることはできません。とにかく速いスピードで走り続けること、それが今一番求められていることでしょう。自動車に例えるなら、まさにトップギアで走り続けているような状況です。

ですが、そうした中で私が少しだけ気にしているのは、トップギアのままで、このスピードのままで、この先もずっと走り続けることが出来るのだろうかということです。

今年の三月二十八日、神戸市が一つの発表を行いました。「神戸市での全ての震災復興土地区画整理事業が完了しました」というものです。一九九五年の阪神淡路大震災から一六年。ようやく行政の作業が一段落したのです。

とすると、東日本大震災からの復旧や復興にも、おそらく十年、二十年といった長い時間がかかるでしょう。原発災害についてはもっと長い時間がかかる可能性もあります。その長い時間をトップギアで走り続けることは、とても難しいことです。

もちろん今はまだ高速で走ることが必要ですし、実際にたくさんの人が走っています。でも、このまま走り続けると、どこかでエンジンが焼けついてしまうかも知れない、私はそんな心配をしています。

ですから、今、トップギアで走っている人たちを応援しながら、その一方で、長い時間の先にあるゴールを目指してローギアで進み始めること。たとえ時間がかかっても、ゆっくりと力強く進んでいくローギアの支援についても、そろそろ考え始める必要があるのだろうなと思っているのです。

短距離走と長距離走ではスピードだけではなくフォームもペース配分もまったく異なります。いつまでトップギアで走り続け、いつからローギアに切り替えるのがいいのかはまだ分かりません。ですが、いずれローギアに切り替えるときが来ることは間違いありません。

ローギアで目指すそのゴールは、単なる復興ではないはずです。長い長い時間がかかることを覚悟したとき、二十年という少し想像を超える年月を思うとき、私たちは未来の暮らし方についても考えなければならなくなります。

二十年後、自分は何歳になっているのか、生きているのか生きていないのか、そのときには何が出来るのか、誰に何を託すのか、人口比率はどうなっているのか、どんな技術が生まれているのか、そして新しく誕生する命にどんな暮らしをさせてあげたいのか。私たちが、そうした一つ一つのことがらを具体的に想像することが、少しずつゴールを形作るのだと思います。

それはきっと東北だけではなく、私たち全員で考えながら創っていく、この国の未来の姿になるはずです。

ラジオ

薄曇りの中、低い山に囲まれた小さな港町でサイレンの音が鳴り始めました。

午後二時四六分。

私は今もまだ破壊されたままの港を見下ろす高台から、町の人たちと一緒に黙祷を捧げていました。サイレンの音は山間にこだまして、まるで悲鳴のように何重にも重なって響いているようでした。私は目を閉じたまま、どうしてあの時もっとうまく伝えられなかったのだろうと考えていました。世界有数と言われるほど大きなメディアで働いているのに、津波の恐ろしさをあれほど何度も伝えてきたのに、あのときほとんど何もできなかった自分が悔しくて悔しくて仕方がありませんでした。

わずか一分。でも永遠に感じられる一分。

目を閉じた私のまわりからは、すすり泣く声が聞こえていました。声を上げないように一生懸命にこらえていても、それでも漏れてしまう泣き声がサイレンの音に混じって私の耳に届いていました。

いつまでも鳴り止まないように感じられたサイレンの音は、やがて穏やかに広がる海へ向かってそっと静かに消えていきました。

「私、泣いちゃった」ひとりの高校生が言いました。

その港町につくられた小さな小さなラジオ局でアナウンサーを担当している彼女。ときどき寂しそうな表情をすることはあるけれども、明るく元気にまわりの人たちを笑わせてくれる彼女。その彼女が大きな目からこぼれ落ちる涙を拭くこともせず私に話しかけていました。

「サイレンの音を聞いてたら、何だか思い出しちゃって」

「同じ音だったの」私は聞きました。

「うん。津波でお母さんと離ればなれになったときも、あのサイレンが鳴ってたの」

「だから思い出しちゃうんだね」

「あれから半年なんだって思ったら悲しくなっちゃって。最近、毎日泣いてたんだ」

彼女はそう言いました。

「ずっとどこかで会えるって思っていたんだけど、やっぱりもうお母さんには会えないんだって、だんだんわかってきたの」

私はただ彼女を、彼女の目を見ているだけでした。何を言えばいいのか、どうすれば彼女の悲しみをほんの少しでも和らげてあげられるのか。私にはわかりませんでした。

言葉を使うことを仕事にしているのに、誰かが本当に言葉を必要としている時、その肝心な時にいつも私は言葉を失ってしまうのです。

言葉が見つからない私は、そっと彼女の肩を抱くことしかできませんでした。

「もう一度、お母さんに会いたいな」

私は目の奥が熱くなるのを感じました。泣いちゃいけない。私が泣く理由なんかない。泣くのは私じゃない。いくらそう思っても涙が止まりませんでした。

黙祷が終わってしばらくすると、ラジオ局のインタビューが始まりました。スタッフは皆この町で被害にあった人ばかり。高台へ訪れた町の人たちに「もう半年が経ったんですね」と静かに話しかけるアナウンサー。「いやまだ半年だよ」と答える町の人たち。もちろん中継のための機材などはありません。マイクの代わりになる携帯電話に向かって話をしてもらうと、それがそのままラジオに流れます。

それはとても静かなインタビューでした。何かを説明することもなく大げさに感情をかき立てようとすることもなく、ただ話を聞き、ただそれに答えるインタビューでした。

同じ場所で、大量の照明とカメラを据え付けた民放テレビの中継チームが人々の悲しむ表情を捉えようとしていました。何台ものカメラによって映し出された表情は、高台に駐められた大きな中継車から全国へ向けて届けられていたのでしょう。

その圧倒的な力とは、人数も機材も経験も視聴する人の数も、比較にならないほどのちっぽけなラジオ局。明らかな読み間違い。スイッチの押し間違い。タイミングのあわない曲出し。ときどき起こる無音状態。拙いインタビュー。それをヒヤヒヤしつつ聞いている私たち。放送局で働いている私にしてみれば胃が痛くなるような危なっかしい放送を続けているラジオ局。

でもそれは、伝えたいことがあるからつくられたラジオ局。寄り添うのではなく、耳を傾けるのでもなく、町と一緒に前へ進もうとしているラジオ局。あの民放番組に比べれば聞いている人の数はゼロだと言ってもいいほどですし、町を遠く離れたところまで放送が届くこともありません。

それでも。

その日、彼らが届けたいと強く強く願ったメッセージは届いたでしょう。きっと海の彼方で眠る人たちにも届いたことでしょう。

モヤモヤした気持ちのまま（三）

どんな言葉を選べば、私の考えていることが誤解されずに伝えられるのか、うまく書けるのか、実はずっと悩んでいました。そして今もまだ悩んでいます。もしかするとお叱りを受けるのかも知れません。それでもとにかく書いてみることにします。

まもなく東日本大震災が発生してから半年が経とうとしています。今もまだ多くの人がたいへんな思いをしているあの厄災について「忘れない。忘れてはいけない」とメディアは繰り返します。でも、私たちは知っています。当事者ではない人たちは、少しずつ忘れていくことを。

もちろん現在進行形の事態はたくさんありますし、伝えるべきことも限りなくあります。それでもニュースは、文字通り「新しい」を伝えるものです。どうしても日付に支配されるものなのです。どんどん新しいニュースを伝えていく間に、時間の経ったことがらについての報道は少しずつ減っていきます。そして、いつしか風化して遠い過去のできごととして取り扱うようになっていきます。

東日本大震災に関連した報道もまた、日々の新しいニュースに紛れながら、これから少しずつ減っていくことでしょう。「半年」という区切りをつけて、何かがそこで変わった気になったり、あるいは何かが終わった気分になったりする人も出てくるでしょう。

だからこそ、忘れないため、風化させないために私たちは抗い続けなければなりません。でも、それでも私たちは忘れていきます。忘れるのは能力だという人がいます。人は忘れることが出来るから生きていけるのだという人もいます。忘れないことはとても難しいことなのです。

覚えていますか。去年の暮れから今年のお正月にかけて、山陰地方は豪雪で埋めつくされました。停電と渋滞の中、多くの人が寒さに震えながらお正月を迎えました。農業施設が破壊され、漁船が転覆し、農作物に被害が出ました。

覚えていますか。同じ月、九州では新燃岳が噴火し、鹿児島や宮崎で降り積もった灰は、交通を混乱させ、小中学校を休校させました。一部地域では住民の避難も行われました。ここでもまた農作物に被害が出ました。

どちらも、そこに暮らす人たちにとっては今もまだ続いているたいへんな問題です。けれども、当事者ではない私たちは少しずつ忘れています。

三月十一日に起きた震災は、これまで誰も想像さえ出来なかった大きなものでした。あまりにも多くの命と幸せと日常が一度に奪われました。その規模と衝撃が、私たちの記憶を今もまだ鮮明なものにしています。それでもいつか、私たちは忘れていきます。

あの日を境にして世界が変わったという人がいます。確かに社会へのインパクトや災害の規模で言えば、東日本大震災は未曾有のできごとです。被害に遭われた方だけではなく、多くの人が生き方を変えることになりました。暮らしのあり方や、物事に対する考え方が変わったようにも思います。

ですが、十年後、二十年後という単位で考えたとき、当事者でない私たちは、どこまで忘れずにいられるのか。本当に忘れずにいられるのか。私にはわかりません。だったら、あるできごとをずっと忘れずにいるのではなく「いつだってたいへんな思いをしている人たちがいる」それを忘れないでおくこと。「今も必ずどこかでたいへんな思いをしている人たちがいる」それをずっと想像し続けること。それこそが本当の意味での「忘れない」なのかも知れないと、私はふと思うのです。

そして私は、この「半年」という日を、何かを忘れ始める節目にしないために、今もまだたいへんな日々を過ごしている人たちと、ともに過ごしたいと思っています。

伝えること、伝わること

昨日、福島から戻ってきました。あちらこちらへの出張が続いていて、なかなかこちらに書き込めなくてすみません（という言いわけです）。しかも、こういうことを書いちゃっていいのかな？　と、毎回かなりドキドキしながら書いていますので、もし、ダメだったらごめんなさい。

さて、三月以降、ＮＨＫでもエネルギーや原発に関する様々な問題を扱った番組が制作され、放送されています。また、過去に放送したものなどから、一部をネット上の動画としてご覧いただけるようにもなっています。

今、各番組の制作チームは全力で取り組んでいます。取材に影響が出るとよくないので、詳しい内容はあまり書けませんが、これまでもずっとエネルギー問題や原発問題の取材をしてきた専門的なスタッフたちが、半ばライフワークとして、膨大な資料や情報から、何が正確な事実なのか、私たちにはどういう選択肢があるのか、という番組をつくり出そうとしています。

そうした番組を制作しているプロデューサーの一人に「それほどライフワークにしているのに、どうして、もっともっとたくさん原発関連の番組を作ってこなかったのか？　どうして、もっと放送してこなかったのか？」という質問をしました。おそらく、これまで何本もの番組を作ってきたプロデューサーにとっては不愉快な質問だったでしょう。でも、私としては「これまでそんなに取材をしてきたのなら、もっとたくさん作れたのでは？」という疑問がなかなか消えなかったのです。

プロデューサーからの回答は「これまでも、できる限りつくってきた。放送もしてきた。でもほとんど反響は無かったし、再放送の要望も無かった。視聴率にとらわれず、必要だと思われる番組をつくって放送できるのがNHKのよいところだ。でも、たとえ必要だからと言っても、膨大な時間と人員と予算を投じて、まったく反響の無いテーマの番組を何本もつくれるわけではないし、そういう企画は通らなくなる」というものでした。

平たく言えば、誰も関心が無かったのです。もちろん、エネルギー問題について関心を持ち、これまでずっと様々な活動をされていらっしゃる方がいることはよくわかっています。でも、多くの人は関心が無かったのです。私自身もそうでした。もちろん、多少の関心や問題意識はありました。でも、自分自身を省みたときに、どこまで関心があったのか、どれほどきちんと考えていたのか、自信はありません。私自身は「その程度の関心」しか持っていなかったのです。

小さな事実を拾い集めて精査し、見つかった断片から全体像を描くこと、そのままにしていたら誰の目にも触れずに消えてしまうはずだったものを、きちんと提示すること。それはジャーナリズムの一つの役割だと思います。「関心が高いから報道するだけではなく、それを伝えることが必要だから報道する」という姿勢です。

ＮＨＫはそうした姿勢を出来るだけ保ち続けている報道機関の一つだと、私自身は思っています。そして、これからもそうした姿勢を保ち続けるために、私も含めた職員と視聴者の皆さんで、しっかりとしたＮＨＫをつくっていきたいと思っています。

でも、それだけでは続かないこともあるのだと強く感じさせられた今、私は持続可能な報道の可能性について、少しだけ考えを巡らせています。

「伝えること」と「伝わること」はまったく別の問題です。伝えていても伝わらない。そのジレンマをどう解消すればいいのか。それはきっと、ずっと考え続けなければいけない問題なのでしょう。

ひとりひとり、それぞれ違う

ひとりひとり、それぞれ違う。

それはこの三月に東日本大震災で被害を受けた人たちが、そして、かつて大きな自然災害で被害を受けた人たちが必ず口にする言葉です。この半年あまり、私は各地でその言葉を何度も何度も繰り返し聞いてきました。

災害という言葉で全てをくくってしまうことは簡単です。マスメディアはどうしても個別の話ではなく、より多くの人に共通する話を、いわば最大公約数を形にします。良い悪いということではなく、それがマスメディアの機能ですし果たすべき役割なのです。けれども、ひとりひとりの立場に立ってみれば、被害の形も生活環境も、悲しみに向き合う力や性格も、そしてそれぞれが考え、願っている復興のあり方もまた、それぞれ異なっているのです。

ひとりひとり、それぞれ違う。

それを解っていながら、それでも私はその中から普遍的な何かを見つけることはできないだろうか、みんなで共有できることはないだろうか、そんな思いを抱えたまま話を聞き続けています。

×　×　×　×

あれから八か月が経ちました。そろそろ終わりにしたい。はっきりと口に出してそういう人はいませんが、いろいろな場面でそんな印象を受けることが多くなってきました。とても悲しいことですが、震災に関する報道や番組への関心が薄れていることは間違いありません。あえていやな言い方をすれば「もう飽きた」そんな声さえ聞こえてきそうな感じを受けるのです。八か月前、大きな声で「ずっと一緒だよ」「みんな、ひとりじゃないよ」と繰り返し流されていたあのテレビCMは何だったのだろうと、正直にそう思います。

一方で「被災者と言われるたびにあの日のことを考えてしまう。だからいつまでも被災者と呼び続けるのはやめてほしい。できればそうっとしておいてほしい」そういう人たちがいます。もう一方で「忘れられてしまうことが不安なんです。無かったことにされるのではないか、そんな気がして不安になるのです」そういう人たちもいます。彼らのその複雑な気持ちに、どう答えていくことができるのか。私にはまだわかりません。

×　×　×　×

そろそろギアが変わり始めます。全速力で走る短距離走から遠いゴールを目指して、一つ一つのポイントをクリアしていく長距離走へと。短距離走と長距離走とでは、走り方も呼吸のしかたもペースの作り方もまるで違います。これまで全力で走ってきた人たちは、いよいよ遠い遠いゴールを目指し始めます。そして、そういう人たちからバトンを受けとり、次のポイントに向かってゆっくりだけれども力強く進む人たちも必要になります。だんだん数が減ってはいますが、これからも実際に現地で汗をかくという形で支援する人は続くでしょうし続いて欲しいと願っています。ですがそれは誰にでも簡単に出来ることではありません。

ひとりひとり、それぞれ違う。

私たちひとりひとりが、それぞれ出来ることもまた、それぞれ違っているはずです。ですから目に見える形での応援ができなくても、機会があればときどき思い出す、そんな応援のしかたがあってもいいと思うのです。私たちが日常生活をおくる中で、いつまでも何かを忘れずにいることは、とても難しいことです。人は忘れます。かならず忘れます。当事者ではない私たちは、自分が当事者でないということさえ忘れていくのです。だから、忘れてはいけないとは思いません。忘れてしまってもいいと思うのです。

けれども、たとえば買い物をする時に「これはあそこで作られたのかな？」と考えてみる。たとえば夜空に月が出ていれば「今、向こうでも同じ月を見ているのかな？」と想像してみる。声に出したり行動で示したりするわけではないけれど、ほんの少しそうすることが出来れば、それは思いを届けることになるのかも知れないと思うのです。

私はいま東北へ向かう電車の中で、いつちゃんとタイプできるのだろうなどと考えながら、この原稿用紙のマス目を鉛筆で埋めています。私が向かっているところでは、立冬を過ぎるとまもなく雪が降り始めるそうです。雪空の下で戦っている人たちのことを、遠くからそっと思い出す。積雪の仮設住宅で一人暮らすお年寄りのことを、そっと想像してみる。それは具体的に何かの役に立つわけではありません。それでも、ちゃんと見ている人がいる、ちゃんと思っている人がいるということは、きっととても大切なことなのです。

つながろうと思えば簡単につながることのできる時代です。友だちへ。友だちの友だちへ。さらにその友だちへ。そうして巡り会う人たちひとりひとりがそれぞれ違っているのだということも含めて、ふと思い出す。ときどき想像する。私にできるのは、そんなささやかな気持ちを出来るだけ長く保ち続けることだけなのかも知れません。

たとえ年が変わっても

まもなく二〇一一年が終わろうとしています。

年が変わるというのは一つの節目ですから、何かが終わって新しい何かが始まる気がします。けれども、二〇一一年三月十一日。あの日、大きな被害を受けた場所の中には、まだ何も始まっていないところがあります。

もちろん訪れるたびにはっきりと変化している町もあります。被害の跡が整理され、新しい建物が建ち始め、店が開店し、少し笑顔が見え始めた、そんな町もあります。悲しみを抱えながらも前を向いて進み出そうとしている、そんな強い人たちもいます。

ですが、ほとんど何も変わっていない町もあるのです。

「何もない」初めて訪れたときに受けた印象と今もほとんど変わっていない町。

瓦礫という名で呼ばれている人々の暮らしの欠片が一か所に集められ、まるでかつてのエジプト王の墓のように積み上げられた以外には、まだ何も変わっていない町。何から手をつければいいのか、どうしたらいいのか、今も呆然として立ち尽くしている人たちがいるのです。この九か月の間、そこに暮らす人たちは悲しみを受け止めること、生きることに精一杯でした。その町の行政機関は、まるで人々を避難所から仮設住宅に移すことがゴールであるかのように考えているように見えます。終わったような気になっているようにも見えます。ですが、日々の暮らしに「仮」などというものはありません。年配者が多く暮らすその町が、本当に元のように戻るのか。私にはわかりません。「何もない」きっとその町を初めて訪れた人は、今もそう思うでしょう。その町を見る限り、復興という言葉はまだ遠い空想の言葉にしか聞こえません。

原発事故のために居場所を失った人たちがいます。いつになれば帰ることが出来るのか、そして本当にいつの日にか帰ることが出来るのか。そうした不安を胸に抱えながら、まったく先の見えない状態の中で、日々の営みを送っている人たちがいます。きちんとした対応をしない電力会社。データを小出しにする政府機関。足の引っ張り合いばかりをしている国会。本当に腹の立つことばかりだと思います。「誰が悪いのか、なんてどうでもいい」そう言った人がいました。「どうしたら帰ることが出来るのか、どうしたら生きていくことが出来るのか。そして、その前に帰れるのか帰れないのか。それさえ教えてくれたらそれでいい」そう言った人がいました。けれども、まだ誰もそれに答えることは出来ていません。

何も変わっていません。答えは出ていません。

あの日に始まったことは、たとえ年が変わってもずっとずっと続いていきます。

年が変わることで、今も続くあの町の人たちの暮らしが、まるで過去のできごとのように思われないように、それでも新しく訪れる年が、あの町の人たちにとって、少しでも笑顔の増える年になるように、そう心から願っています。

太陽

錆び付いたシャッターを半分ほど下ろしたあと、彼はガランとした店の中をのぞきこみ、ふうっとため息をついてから、勢いをつけてシャッターを最後まで下ろしました。

日が落ちかけて薄暗くなり始めたその商店街では、ほとんどの店がシャッターを閉じたままで、たぶんどの店も、もう営業を再開することはないのかもしれないという印象を私に与えていました。

沿岸部から数百メートルも入ったこの場所にもあの波は押し寄せ、道を、車を、店舗を、ビルを、家を、そして人々の暮らしと人間関係を破壊しました。

「少しは何とかなると思っていたんだけどね」彼は言いました。

四十代半ばにしてはとても若く見える彼は、高校を出てから東京でしばらく会社勤めをしたあと、生まれ故郷の町に戻ってリサイクルショップを経営していました。

「ほら。みんな流されちゃったからさ。少しはお客さんも来るかなって」彼はそう言って、ぎこちないウインクを見せてくれました。

「お客さん、来なかったのですか」私は聞きました。

「来なかったねえ」彼は淡々とそう言いました。

「今はみんな将来が不安だろ。これからどうなるか分からないから、出来るだけカネは使いたくないんだよね。それにほら、必要なものはだいたい支援物資で貰えちゃうからさ。わざわざリサイクル品なんて買う必要もないんだよ」

「その話は私も聞きました。仮設住宅の近くにあるコンテナ商店街で、衣料店を再開したけれど、冬物はぜんぶ支援物資で足りちゃったって……」

「そうそう。電気屋もかわいそうだよ。何も買ってもらえないのに、支援物資で届いた家電製品の修理ばっかり頼まれるんだってさ」彼はそう言ってタバコに火をつけました。

「だから、外からカネが入って来るようなことを考えないとね。この様子を見物に来るだけでもいいんだ。とにかく被災していない人たちがやって来てくれるような何かをね」

　数か月前に訪れた時に比べれば、道路は舗装され、街のいたるところに転がっていた瓦礫も撤去され、信号も街灯もちゃんとついていて、私には、町としての機能は少しは戻ってきているかのように思えていました。

　商店街の一番奥まったところで数件だけ営業している居酒屋には、たくさんの人が集まっているようで、少し酔った客が大きな声で歌う声が聞こえていました。

「けっきょくさ」彼は煙を吐き出しました。

「仕入れが出来ないんだよね。全部流されちゃって誰も何も持っていないから。不要品なんて一つもないだろ」

「それで、お店を閉じるのですね」私は不躾に聞きました。

「まあね。でも地震だけが理由じゃないよ。もともとこの商売はキツくなってたから、ちょうどいいタイミングだったのかも知れないわな」彼はバン、とシャッターを叩きました。

「これからどうされるのですか？」私は聞きました。

「また何か始めるよ。みんなの役に立つような仕事をね。店を一つ閉めるくらい、ぜんぶ流されちゃった人のことを考えたら、どうってことないだろ？」そう言って彼は私の目を覗き込みました。強い目でした。彼はへこたれてはいませんでした。強い意志で戦い抜く覚悟を決めていました。

「そういえば、起業支援のための援助制度もありますよね」私がそう言うと、彼は笑っているのかそれとも悲しんでいるのか、すぐには分からない複雑な表情になりました。

「鴨さん、あれがどんなものか知ってる？　あの募集期間って一瞬なんだよ。それにこっちの役場の人間は、国がそういう制度をやっていることを知らなかったりするんだよ。俺たちが自分で調べて、役場に教えてやってね。でも役場が国に申請しようとしたら、もう募集期間が終わってたりしてね。アホな話だろ」そう言って彼はため息をつきました。ため息と一緒にタバコの煙が吐き出されました。

「でも、それってひどくないですか」私は言いました。

「国からの情報って解りにくいんだよ。わざと解りにくくしてるんじゃないかってくらいにね。今の役場じゃそれを読み解いて、俺たちに知らせてくれるほどの余力はないんだと思うな」彼は肩をすくめました。

「でも、それじゃ何のための援助か分からないじゃないですか」私は言いました。

「な。俺もそう思うよ」彼はまた煙を吐き出しました。

「もう十一か月かあ」彼の口から出て来た煙はきれいな輪になって、ゆっくりと空へ向かって漂っていきました。

　帰る時間が近づいて、荷物をまとめ始めた私に彼が言いました。

「ねえ鴨さん。毎日のように、いろんな人が来て励ましてくれるよ。ツイッターでも応援してくれてる。みんな言うんだ。明けない夜明けはありませんからねって。どんな雨でもいつかは必ずやみますからねって」彼はタバコを足下に投げ捨てて、靴底で踏みつけました。

「でもさ、夜明けなんて待っていられないんだよ。今、太陽が出なきゃ俺たちは終わっちゃうんだ。だから必死で、自分たちで太陽を昇らせるしかないんだ」

　そう言い切った彼の顔が赤く染まっていたのは、きっと夕陽のせいだけではなかったはずです。私にはそう思えました。

暗いほどはっきりと
見えてくる光の強さ

時間がたつとね

久しぶりやねえ。最近どないしてるん？　忙しいんやろ？　ああそうか、テレビ局やもんね。芸能人とかにも会えるん？　あんまり会えへんの？　なんやしょうもない。今日は何で来たん、仕事？　大変やねえ。まあ、お茶でも飲みなさい。

ところで鴨ちゃん、あんたいくつになったん。ええっ？　もうそんなになったん。そうやねえ、十六年やもんね。同い年やったんやもんね。うちの子も生きとったら、あんたみたいになってるんかなあ。そう？　いややわあ、なんぼ何でも、あんたみたいにはならへんわ。もしなっとったら、おばちゃんちょっとびっくりするで。

まあねえ、今でも夜一人で寝てると急に泣きそうになるんよ。急にあの子のこと思い出してね。なんで私より先に逝ってしもたんやろうってね。やっぱり子どもが親より先に逝くのはアカンね。言うてもしゃあないけどね。あ、そうそう、お茶いれるわね。

そうや、鴨ちゃん。私、行って来たんよ東北に。そうよボランティア。すごいやろ、この歳で。こんなおばちゃんが一人で行ったって、別に何も出来へんけどね。ちょっと泥をすくったり、写真洗ったり、そんなことしか出来へんかったけどね。それでも、みんな喜んでくれるんよ。神戸から来てくれたんか言うて、すごく喜んでくれるんよ。

で、うちの子の話するやろ。家族が亡くなった人もようけおるから、何となくそういう話になってしまうんやね。で、一緒になって泣いてんねん。私もわざわざ東北まで行って、なんで一緒に泣いてんのかって、自分でもよう分からへんわ。でもみんなで泣くと、何かすっきりするんよ。

あんたも東北に行った？　新潟の人に会うた？　ほら、新潟の人が一杯いたでしょ、ボランティアで。神戸のときには雲仙の人が来てくれはったでしょ。で、新潟のときには神戸の子らが行ったやんか。それで今回は新潟の人が行ってはるでしょ。そうやって、少しずつ次の人のところに行くのを見ててね、時間ってすごいなって思うたんよ。

最初はもう自分らのことで精一杯やんか。でも時間がたったら、少しずつ他の人のことが考えられるようになるんやからね。私かて、今でもまだ悲しいけれど、十六年たったら、それでも他の人たちのために何かやってあげようっていうくらいには気持ちが強くなるんやからねえ。

時間がたつとね、お風呂に入れてありがたいとか、ごはんが食べられて幸せやとか、そういう風に考えなくなってね、何ていうか普通になるねん。

お風呂入れたり、ごはん作ったり、掃除したりね。そういう普通のことが普通にできるようになるんよ。


なくなったものは決して戻って来えへんし悲しい気持だって絶対に無くならへんよ。私も一度も忘れたことはないから。でも時間がたてばきっと何かが戻ってくるんよ。私もうまく言えへんけどね、普通の暮らしみたいな何かがきっと戻ってくるんよ。全部は戻って来なくても少しは戻ってくるんよ。

東北の人たちも、今はほんまに大変やと思うし、まだ今は分からへんと思うわ。でも時間がたてば絶対に戻ってくるものがあるからね。それは忘れんといてね。はい。おばちゃん、あんたに言うたからね。あんたから、みんなに言うといて。

あれ、私、まだお茶いれてなかった?

セイタカアワダチソウ

一番近くの駅まで迎えに来てくれるはずだった人は、いつまでたっても現れませんでした。何度電話をかけてもつながらず、すぐに留守電になってしまうので、私はどうしたものかと少し悩みました。とはいっても約束の時間まであまり余裕もないので、私は彼を待つことをあきらめて、駅からバスに乗ることにしました。もう一年半以上も走っている臨時運行バス。これを臨時って言うのかな。私はそんなことを思いました。

私の目的地に向かうバスは時刻表に載っている予定よりも十分ほど遅れてやってきました。

白と緑に塗られた古いバスは、駅のターミナルを出てゆっくりと街の中を進んで行きました。平日の朝ということもあって、その町へ向かうバスにほとんど乗客はいませんでした。しばらくすると私にも見覚えのある風景が少しずつ目に入るようになりました。

晴れていました。淡い青一色に塗られた空には雲ひとつありませんでした。初めてでした。こんなに何度も訪れている町なのに、私が訪ねるときにはいつも薄暗く曇っているか雨が降っているかのどちらかで、私はこの町はだいたい曇っているところなのだとばかり思い込んでいました。

車で通る時とは違って、ゆっくりと進んでいくバスからは街の様子がよくわかりました。海沿いの更地には相変わらず、もう走ることのない車が高く積み上げられていました。廃校のそばでは新しく出来たばかりのパチンコ店が大きな幟をはためかせていました。建設中の家や新築のアパートの間には、明らかに津波の被害を受けた家が取り壊されることもなく、そのまま残されていました。そして、そのすぐそばには何も被害を受けなかったように見える家々が建ち並んでいました。同じ場所で同じように建っていたはずの家。それは、わずか三メートルほどの違い。たった一本の道をはさんだだけの違いでした。

バスがトンネルを抜けて坂道を下り大きなカーブを曲がると、急に景色が変わりました。何も無い場所。いつ来てもそう感じるこの場所。そこはまだやっぱり何も無いままでした。音さえも急に消えてしまったように感じました。それは人の気配を感じないからだけではありません。木が無くなれば風の音も虫の音も無くなるのです。

私はたくさんのものを一瞬で失ったこの場所を訪れてそのことを知りました。

港を見下ろす高台でバスを降り、私はいつも彼がいる場所をのぞいてみました。

「あ、鴨さん。いらっしゃい」彼はいつもの場所にいました。どうやら彼は、私を迎えに来てくれる約束のことはすっかり忘れているようでした。

「今日はすごくいい天気ですね」私は言いました。

「ずっと曇っているところだと思っていたんですよ」

「いや、この辺ってだいたいは天気いいんですよ。そんな時ばっかり狙ってくる鴨さんのほうが変なんですよ」彼が言いました。

高台から見える小さな町には、それでも人の気配はありませんでした。誰もいない静かな静かな町の中を大型の工事車両が何台も連なるようにしてゆっくりと進んで行くのが見えました。

「ガレキ、減りました？」

「いやあ、まだまだです。あれがなくならないと工場も何もつくれませんから、早く撤去して欲しいんですけどね」彼は淡々とした表情をしていました。

「海、見に行きませんか？」彼が急に言いました。

「え？」

「あの日、あんなに暴れた海も今はとても穏やかですよ」

私を乗せた車は港を通り過ぎ、岸壁沿いの細い道を走りました。小さなカーブを何度か曲がった後、彼はコンクリートで出来た塀の脇に車を止めて、私を海のそばまで案内してくれました。この辺は漁場だったのかな。そんなことを考えながら海辺に近づいた私は思わず息を飲みました。水面の下には何軒もの家の屋根が見えていました。

「家ごと津波に引っ張られたんです」彼はそう言いました。

海面から見える屋根は、まるで以前からずっとそこにあるかのように、まるで始めからそこで建てられたかのように整然と並んで、ただ深い沈黙を保っていました。

すぐ近くの防波堤にはたくさんのウミネコが集まって、思い思いの体勢で休みながら互いに鳴き合っていました。

「なんだかあのウミネコ、すごく太っていますね」私は言いました。

「漁ができないからね。エサの魚がたっぷりいるんですよ」

「そうですか…」

「はははは。確かに太ってるなあ」彼はそう言って笑いました。

彼の運転する車で港のほうに戻るにつれて、ふと私は以前とは何かが違っていることに気づきました。ただの更地だったはずの場所に草が生えていました。

セイタカアワダチソウ。

どこからか種が飛んできたのでしょうか。草は強い。雑草は強い。いずれこの土地にも建物が建ち、人々の暮らしが営まれる日が来るでしょう。そのときには、また別の場所に種を飛ばし、根を張って芽を出していくはずです。

セイタカアワダチソウ。

まるでそれは、あれほど辛いできごとがあったのに、あれほど悲しい思いをしたのに、それでもここで生きていくことを選んだ人たちの、強い決意を静かに表しているようでした。

ちょうど一年前、私はこのノートに、年が変わることで今も続くあの町の人たちの暮らしが、まるで過去のできごとのように思われないようにと書きました。あれからまた一年が経ちました。それでも続いています。あの日はまだずっと続いているのです。あっという間に元に戻せるのならどれほどいいでしょう。でも、何かを取り戻すには長い長い時間がかかります。少しずつ変わっていくことしかできないのです。

今夜、除夜の鐘の音とともに、またあの日が少しだけ過去になっていくのでしょう。でも、だからこそ新しく訪れる年の初めにあの町のことを思いたい。私はあらためてそう願うのです。

わしの人生

夏の暑い日だった。コップにビールを注ぐと、ちょうど二本目の瓶が空になったので、僕は店員に向かって軽く瓶を掲げて見せた。店員がわかったとうなずく。港のすぐ近くにある小さな焼き鳥屋のボックス席に僕たちはいた。入る前に思っていたより店はずっと狭くて、テーブルの上に小さな皿が数枚乗れば、もうそれだけでほかには何も置けないほどだった。煙の立ちこめる焼き鳥屋の店内で、なぜか僕たちは焼き鳥を頼まずにいて、皿の上には野菜や干物ばかりが乗っている。

彼はタバコの封を切って新しく取り出した一本を口にくわえた。半透明の安物ライターは調子があまり良くないようで、何度か火をつけるのに失敗したあと、彼はようやく大きな溜息をつくような音とともに煙を吐き出した。中指と薬指の間にタバコを挟み、丸めた手で顔を隠すようにしてタバコを吸うと、吐き出された煙が鳥の焼ける煙と混ざり合って、ボックス席の天井へゆらゆらと浮かんでいく。僕は皿の上に一つしか残っていないミニトマトをもらっていいものだろうかと真剣に考えていた。

彼が話し出すまでにはずいぶんと時間が掛かった。吸い終わった煙草を灰皿に強く押しつけて消したあと、すぐもう一本に火をつけて、ふうと煙を長く吐き出す。やがてそれも吸い終わり、そしてようやく話が始まった。

「ずっと引け目を感じとったんや」彼は言った。「ワシは家も半壊しただけやし、家族もみんな無事やったからな。そりゃランク分けされたら、何もなかった人、運のええ人になるかも知れへん。そうやろ」

「はい」

「でも、ワシらはワシらでやっぱり大変やったんやで。仕事は無いなるし家族もみんなバラバラの生活になったんやからな。けど、それを言うわけにもいかんやろ」そう言って彼はコップを大きな手でつかみ、ビールを一息に飲み乾す。

「被害の大きい小さいはあるかも知れへん。でも、みんなそれぞれ大変やったんや。まあ、周りを見てたらワシも助けて欲しいとは、なかなか言いづらかったけどな」彼は僕の顔を覗き込んで、にやりと笑った。「被害が小さいワシらみたいなもんは、マスコミさん的には、おいしくないやろう?」

僕はそれには答えず、さっきの店員に追加のビールはまだかと手振りだけで催促する。


かつて日本料理の板長として大店で腕を振るってきたその人は、神戸市内にある避難所の世話役として、被災した人のサポートを十六年間ずっと続けていた。パッと見た目にはちょっと怖くて、けれどもどことなく頼りになりそうな、そんな雰囲気を纏っていた。これほど長く困っている人、悩んでいる人たちの支援を続けてきたのは、自分自身の被害が小さかったことをどこか悪いことのように感じていたからだと言う。

追加のビールが運ばれてくると彼は自分でコップに注ぎ、あっというまに半分ほどを飲んでしまった。どうやら程よく酔いが回ってきたようで、僕のグラスにもビールを注ごうとする。

「あ、僕はウーロン茶なので」

「なんや。あんたも飲めればええのにな」彼はそう言って自分のコップに残りのビールを注ぎ入れた。

「ちゃんとした店をな、自分で持とうと思ったんや」

「急に思ったのですか？」

「いや、もともとそのつもりやったんや。地震の前からな。だからやっと地震前の気持ちに戻った言うこっちゃな。十六年、時間がワープした感じや」

「ワープですか」

「とにかく世話役やってバタバタしとったから、頭の十年くらいはそんな気持ちがすっかり抜けとったんやな。だけどな、いろんなことが落ち着いてきたら、思い出したんや」

「思い出した？」

「そう。そう言えばワシ、店を持とうとしていたんやってことを思い出したんやな」

「日常が戻ったという感じでしょうか？」

「そんなわけないやろ。もう元には戻れへん。戻るわけがない。ただ、何て言うか、前の日常とは違う新しい日常をつくるって感じやろうなあ」そう言って彼は火をつけたばかりのタバコをじっと見つめた。

「とにかく、店を持とうって決めてからは、もう超ケチケチ生活やで。なんせ店を出すにはえらい金かかるからな」吸わないままのタバコを灰皿の上でギュッと揉み消したあと、彼は僕を見て照れくさそうに肩をすくめた。


　これまでの日常に戻るのではなく、失われた日常を取り戻そうとするのでもなく、新しい日常をつくる。まもなく六十半ばになろうかという彼の、十六年越しの決意の強さに僕は驚いていた。

「何でもええから目標を見つける、それが大事なんや。暗闇の中で光を見つけることが出来たら、あとはそこに向かっていけばええだけやろ。みんな光は持ってるんや。

ただ、それを見失っているだけなんや」

「でも、本当に深い闇の中にいる人に、光を見つけることができるのでしょうか」僕は聞いた。絶望の底で光を見つけるなんて、あまりにも難しくないだろうか。一部の楽観的な人にしかできないことじゃないだろうか。

「あのな。暗ければ暗いほど光ははっきり見えるはずなんや。それがどんなに小さくてもな。だから誰にだって見つけられる。いつか絶対に」彼はきっぱりとそう言った。


店を出てしばらく彼と一緒に歩いた。子供のころからよく来ていた港の周辺は、けれども、もう僕にはまるで見覚えのない風景だった。まったく新しい町の風景だった。

「今から店を持って、うまく行くかどうかはわからへん。持てるかどうかもわからへん。自信があると言えばあるし、無いと言えば無い。でもな、失敗しても構へんねん。何があってもあの時よりはましやろ」

「ええ」

「そりゃワシは震災の当事者やで。でもそれ以上にワシはワシの人生の当事者やからな。ワシの人生は、他人とは交換できへんのや。だからやるんや」

彼はそう言って大声で笑う。

海からゆるやかに吹く暑い風は、いつも以上に湿気をたっぷりと含んでいて、僕の身体に重くまとわり続けるようだった。

車で気仙沼まで行く。

二〇一八年の三月、僕は物書き仲間三人とともに、宮城県気仙沼市まで車で行くという「ほぼ日」の企画に参加した。

これはそのときに「ほぼ日」へ掲載した文章である。

三月九日　いつか祭りになるのだろう

時間はいつも一定の速度で流れているように思えるけれども、できごとによって、人によって、場所によって、その速さは少しずつ違っているように感じることがある。

あれから七年という時間が経とうとしている。

七年は決して短い時間ではない。それでも、あの時のことを思い出すたびに、僕は絶望の淵に立たされるような気がする。

その日、僕は放送局にいた。あらゆる情報が集まってくるはずの場所で、僕は自分に何ができるのかもわからないまま、今やっていることが何かの役に立つかもわからないまま、目の前を流れる膨大な情報を、ただ処理し続けていた。

はじめは怖くなかった。自分のいるビルが大きく揺れた瞬間も、遠く海のほうで煙が立ち上っているのが目に入ったときも、さほど怖いという気持ちにはならず、それよりも、今やれることをやらなければという奇妙な使命感だけが頭の中にあった。まわりで上がる悲鳴も、何か重い物が落ちたような音も、まるでどこか遠くで鳴り響く背景音のように感じていた。感情のメーターが振り切れてしまう前に自然にリミッターがかかったような、そんな感覚だった。

そうして、今ここで必死になってキーボードを叩くことが、いったい何になるのかと思いながら、それでもせめて誰か一人にでも届いて欲しいと願い、危険が迫っているのだと、何度も発信を繰り返した。

恐怖を感じたのはそのあとだ。目の前のモニターにしだいに溢れ始めたのは、多くの人たちの悲鳴にも似た言葉だった。みんなが僕に助けを求めていた。どうすればいいのかと必死で尋ねていた。それなのに、僕は何もできなかった。逃げて欲しい、生き延びて欲しい、そう願っているのに僕には何もできることがなかった。もしも僕の言葉がまちがっていたらどうするのか。僕の答えで彼らを危険に晒すことになったらどうするのか。そう思うと、怖くて何も答えることができなかった。やがてモニターにはあまり言葉が流れなくなった。僕は己の無力を恥じつつ、怯え、彼らを見殺しにしたのだ。

いったい僕はどうすればよかったのかと今でも悩む。できることがあったのじゃないだろうかと後悔する。あのときに感じた恐怖と絶望を、自分の卑怯な振る舞いを、僕は一生忘れないと思っている。

それでも七年という歳月は、僕の気持ちを和らげた。流れ続ける時間は、心の奥底に横たわった重い石の塊を静かに洗い続け、いつのまにか、その角を削っている。けっしてその石が消えることはないけれども、心を刺していた痛みは少し薄れてきたような気がしている。

僕の心の底にある石の角を削った時間は、僕だけの速さで流れているもので、それは他の人にも同じように流れるものではないし、より硬く大きな石を心の底に抱えている人たちに流れる時間の速度は、きっと、もっと遅いのだろう。それでも時間は流れ続けている。その速度がどれほど遅くとも、必ず流れ続けている。

鎮魂や慰霊は、先に逝った者のためというよりは、遺された者のためにあるものだと僕は思っている。今年、二十三年を経た阪神淡路大震災の慰霊の日に、ふと僕は、もうこれは個人のことにしてもいいと感じた。多くの人で揃って慰霊をする時間は、少なくとも僕にはもう必要がないのかも知れないと感じた。なぜ、そう感じたのかはわからない。

きっと、それこそが時間が経つということなのだろう。ただ、僕が忘れずにいるべきことを、僕が忘れずにいれば、それだけでいいと思ったのだ。個人的なものとして過ごせばそれでいいと思ったのだ。

だからというわけではないのだけれども、正直にいうと、今回の旅を、僕はほんの少しだけどこか躊躇しているようなところがある。

結局のところあの日の当事者になることのできない僕が、これまで東北で出会った友人たちに、あの日を個人的なものとして静かに過ごしてもらうには、遠く離れた空の下で、静かに僕自身のあの日のことを考えるだけでいいのではないかという気もしている。その一方で、まだ個人的なものだからというには、少し早いのかも知れないという思いもある。

きっと、それぞれに流れる時間の速さが違っているのと同じように、正解はどこにもなくて、それは、いつまでも僕自身で考え続けるしかないことなのだろう。

一年に一度、とつぜん思い出したようにあの日を風化させてはならないという人たちがいる。けれども僕は風化すればいいと思っている。すべての過去はやがてゆっくりと日常に溶け、いつか日常の一部になっていく。それが、風化するということなのだから。

社会の中で風化することと、個人がずっと忘れずにいることとは、たぶん両立する。風化とは忘れることではないのだ。角が取れ、痛みが薄れ、それでもけっして忘れられない過去を過去として、自然に受け入れられるようになることなのだ。

それにしても時間の流れは偉大だと思う。祇園祭りを始め、ほとんどの祭りは鎮魂の祭りだ。でも、もう祇園祭りに胸を痛める者はいない。盆踊りで悲しみにくれる者もいない。

あらゆる慰霊と鎮魂は、いつかそうした祭りになり、本当の意味での風化をするのだろう。ゆっくりとゆっくりと長い時をかけて。

この旅で、そうした風化の兆しを見つけることができればいいなと思っている。

三月十日　ただ受け入れたいと思っている

東北へ向かう旅の車に、僕はまだ乗り込めていない。きっと先を行く三人は、道中わいわいと騒ぎながら、あるいは真剣なやり取りをしながら、昨日一日、ときには楽しくときには冷静に、あれから七年目の東北を見つめただろう。

一歩遅れて参加する僕はといえば、今のところまだ何も体験していないので、何かこれという新たな発見があったわけでもなく、もしかすると、他の三人とはまるで違うことを考えているかも知れない。

正直に言う。実は、ゆるくて笑いに溢れた旅になるのだろうという予感とともに、少しずつ不安も強くなっている。

昨日ピョンチャンパラリンピックが開幕した。東京に一人残ったのは、その仕事があったからだ。だから僕は、開会式の中継を見ながら、ときどき東北のことを考える、そんな時間を過ごしていた。

障害のあるかわいそうな人たちが、逆境にも負けずがんばっている。パラスポーツは、そんなイメージでメディアに取り上げられることが多い。その反対に、彼らはかわいそうな人たちなんかじゃないのだから、もっと一般のスポーツとして観戦しなきゃいけないという声を上げる人たちも、それほど数は多くないにしても、やっぱりいる。

僕はいつもそのどちらの声にも、どことない違和感を覚えている。苦労や不便さをことさらに強調するのではなく、すごさや強さを無駄に煽り立てるのでもなく、ただ目の前にいる人たちを、そのまま受け入れることはできないだろうかと、ふと思う。だからといって、それならどう接すればいいのかと尋ねられると、たぶん僕も答えに詰まるだろう。

結局のところ、人によってそれぞれなのだという身も蓋もない結論しか、僕には出せない。人は自分の見たいようにしかものごとを見ないのだし、たぶん僕自身だって、僕が見たいようにものごとを見ているのだから。

怒りや悲しみといったものであれ、希望や喜びといったものであれ、ものごとを、ある一定の型にはめ込んで見ようとする力の強さに逆らうことは難しい。こう見なければならないという自分勝手な思い込みは、僕たちから現実を隠してしまう。だからこそ僕は、東北への旅に不安を感じているのだ。自分でも気づかないまま、自分の見たいように見る。あの日、大きな被害に遭った人たちに対して、自分がそうなってしまうことを僕は恐れている。

僕たちは、三月十一日という、本当なら心静かに鎮魂を願う日に、わざわざその場へ行こうとしている。だからこそ、僕が思い込みで発する言葉が彼らの心の傷に触れてしまわないだろうか、嫌な記憶を呼び醒ましはしないだろうかと緊張する。

七年前から連なる様々なできごとに勝手な音楽をつけて、必要以上に悲しく、あるいは無駄に恐ろしく見せようとするメディアの手法にはうんざりするし、だからといって、まるで何ごともなかったかのように明るく振る舞い、ただ希望や未来のことばかりを口にするのも、やっぱりどこかに嘘があるように思う。

当たり前なのだけれども、人によって、場所によって、立場によって、感じてきたこと、感じていることはそれぞれ違っている。きっと一緒になって大笑いをすることもあるだろうし、しんみりとした話を聞くこともあるだろう。

だから、僕にできることは、たぶん解釈をしないということなのかも知れない。

その場に立ち、見聞きするものをそのまま受け入れる。何もつけ加えることなく、ただ受け入れる。そうすることで、ようやく僕にも見えてくるものがあるような気がしている。

まあ、実際に行ってみれば、こんな不安はまったくの杞憂なのかも知れないのだけれども。

三月十一日　途切れることのない日常に

車の中でも車を降りてからも、みんなでさんざんっぱら笑っているのだから、楽しい道中記を書こうとすれば書けるはずだし、わざわざ湿っぽい話にするつもりもないのだけれど、どうしてもうまくいかなくて困っている。

車は三陸自動車道を降りて、利府、塩竈を抜けた。七年前に一人で通った道を、今日は四人で走っている。あのときは電気もなく、あたりは本当に真っ暗で、ヘッドライトの明かりに照らし出される僅かな視界に目をこらしながら車を走らせていたし、何よりも聞こえてくる音がまるで違っていた。

音はなかったのだ。

静まり返った深夜の道を一人で走っていたときの自分自身の気持ちははっきりと覚えているのだけれども、その気持ちをうまく言葉にすることができない。胸の奥の方でなんとも言えない奇妙な感覚が起こる。あれから七年の間に何度も何度も通って来た道なのに、どうして今日に限って落ち着かないのだろう。

途中で多賀城という看板が目に入り、僕は百人一首の清原元輔の句を思い出す。

ちぎりきな
かたみにそでを
しぼりつつ
すゑのまつやま
なみこさじとは

末の松山は多賀城の八幡神社だと言われている。決してありえないことの象徴として詠まれた末の松山への波。それが実際に起こったのだということを、数百年前の句からもう一度ぼんやり考え始めたのだけれども、車の速度は僕の思考よりも遥かに早く、あっというまに元輔をその場へ置いて行く。

石巻にある製紙工場の横を通り、突堤の端まで進んでから、車を停めて外に出ると、眩しいくらいに空は晴れているのに、風が強くて寒かった。パーカーしか着ていない僕は、思わず体を縮める。おそらく、かさ上げの為なのだろう。突堤には土が積まれていた。

やっぱりここまで来たら海を見ておかなくちゃねと誰かが言い、みんな土の山を登り始めたので、僕もあとをついて行く。

実は怖かった。陸地とあまり変わらない高さの海面を見て、僕は恐怖を感じていた。あまり近づきたくないと思った。ここまでの旅の途中で見た海では、まるで感じなかったのに、石巻の海はとても怖くて、僕は写真を撮ることもできなかった。

僕は七年前から、数多くの人たちにその日に何が起きたのかを聞いてきた。前の日はどんなことをしていたのか、その日の朝は何をしたのか、そしてその瞬間から、数日、数週間、数ヶ月の間に何を見てきたのか。

僕自身は何も体験していないのだけれども、たぶん何人もの体験を聞いたことで、僕の中にもある種の記憶が残ったのだろうか。

これまでテレビではあまり流されて来なかったはずの映像も、もう七年が経ったからという、まったく理由にならない理由で流されることが増えている。僕はその映像が怖くて見られないし、むしろ年が経てば経つほど見ることが怖くなっているように思う。

車は石巻から女川へ向かう。ここは七年の間にたくさんの友人ができた場所で、そして、だからこそ、僕は今このタイミングでここへ来ることをものすごく躊躇っていた。

かさ上げされた土地、新しい電柱、そして建物。まだまだやらなきゃいけないことはあるだろうけれども、ここまで整えるために、いったいどれほどの苦労があったか。どれほどの議論と戦いがあったか。いや、それは過去形じゃない。今もそれを続けているのだから。

彼らにとって、この七年は、あの日から途切れることなく続いている日常そのものので、それは節目などという言葉で簡単に区切ることなどできない。

けれどもメディアは日付を好む。少しずつ、本当に少しずつ痛みや悲しみが薄れ、毎日の暮らしの中で思い出す時間と思い出さない時間が混ざり、どうにか日常に溶け込み始めたはずの過去の記憶が、この時期になると、いきなり引っ張り出され、一年に一度、さあ思い出せと強引に言われるのだ。

それなのに、わざわざこの時期に僕はここへ来た。そして、僕がそんなことにこだわって、妙な気を遣うこともきっと彼らにとっては鬱陶しいことなのじゃないだろうか。

これは彼らの時間だし、ここは彼らの場所だ。

包み隠さずに言ってしまえば、一年に一度、途切れることのない日常にとつぜん現れて、彼らと一緒に手をあわせることに僕はいつもどこかで罪悪感を覚えている。本当に僕にできることは、本当に僕がやるべきことは、彼らが目を閉じて手をあわせるときに、一緒に手をあわせることではなく、そっと静かにそんな彼らを見ていることだけじゃないのか。

今の僕にはまだわからない。

そして今日も、本当に僕が手をあわせてもいいのだろうかという罪悪感を覚えながら、きっとどこかで手をあわせるのだ。

三月十二日　せめて、その日まで

働くことが嫌いで、知らない人に会うことが苦手で、できれば家から外に出たくないと公言している僕なのに、なぜか年に何度も旅に出ているのだから、自分でも不思議でしかたがない。いや、旅に出るというよりは、気づけば旅に出る羽目になっていると言ったほうがいいのかも知れない。

小説のための取材だったり、テレビ番組の撮影だったり、今回のような企画だったり。いつだって僕は、必要に巻き込まれるようにして、自分から望んだわけではない旅に出る。そして毎回のように、旅先で自分自身を知ることになる。

三月十一日、旅の最終日の深夜に、僕はこの原稿を書いている。感じたこと、考えたことが毎日のように変わった気もするので、まとめて振り返るのはなかなか難しいのだけれども、それでも、なんとか今回の旅を振り返ってみたいと思う。

「車で気仙沼まで」という企画なのにもかかわらず、気仙沼へ向かうことに僕はずっと躊躇いを感じていた。

これまで何年も通って、町の行事にもそれなりに参加し、たくさんの友だちができた宮城県女川町でさえ、僕はこの日の式典には出ないようにしてきた。

最初の年にだけ、喪服を着て参列したのだけれども、どこまでも深い悲しみに覆われた会場の雰囲気の中、失ったもののない自分がそこにいることへの違和感と、それでいながら、神妙な顔をして手をあわせている自分自身への強い嫌悪感と罪悪感に、僕は胸が締め付けられるような思いをしたのだ。それは、本当にいたたまれなくて、できれば二度と味わいたくない気持ちだった。

それなのに、わざわざ三月十一日という日に、あまり行ったことのない気仙沼へ向かうというのだから、僕には不安しかなかった。

流れ続けている時間の中で、あの日から続く日常の中で、昨日と今日で何かが変わるわけでもないのに、節目だからという勝手な理屈で、まるで何かが変わらなければならないようなことを言いたくはなかったし、彼らが本当に大切にしたいと思っている場に、そんな気分を持ち込みたくはなかった。そして、その瞬間、その場所に立った自分の心の中に何らかの嘘や欺瞞が紛れ込むことを恐れてもいた。

石巻港で、目の前に広がる海を見て感じた恐怖に、いつも元気に振舞っている地元の人たちの心の奥底に横たわっているであろう影を感じ、まだ元気に振る舞うことなどできない人たちが抱える痛みや悲しみを思った。ほかの三人には黙って、女川に暮らす友だちとこっそり話し込んだ深夜には、やっぱり僕は行くべきじゃないのかも知れない、行ってはいけないんじゃないだろうかとも考えた。本当に慰めたいと思う者がいないまま、形だけ手をあわせるようなことをやりたくなかった。

けれども、車に乗って走り出してしまえば、そうした不安や躊躇を感じることはあまりなかった。いったいどうしてなのだろうかと考えてみる。今回の旅には、いつも一人で東北へ向かう僕には無いものが二つあった。

その一つは時間だ。

七年という短くも長い時間の中で、痛みの記憶をほんの少しだけ、なんとか日常として受け入れることのでき始めた人たちとは、もちろん長さも速さも深さもまるで違うけれど、僕もまた、それぞれの土地に流れる時間を、わずかながら自分の中へ溶け込ませながら、それをどこか僕の日常の時間として受け取りながら、ゆっくりと目的地へ近づけたような気がしている。

いつもよりも遅く流れた時間が、たぶん僕を自然とその場に馴染ませてくれたのだろう。

そしてもう一つは、見聞きしたことを話せる仲間がいたことだ。

バカ話と失敗に大笑いをし（その多くは僕が原因だ）、窓の外を流れる風景を見て感じたことを素直に口に出し、車を停めて、その場の風と匂いを感じ取り、音を聞く。道中で出会った人たちとのやりとりを思い出し、ときには、少しだけその土地について知っている者が、この七年の間にその場所がどう変わったのかを教えた。

当たり前のことなのだけれども、これまでに何度も訪れている場所にだって、知らないことはまだまだたくさんあるし自分ではまるで気づいていなかった風景もある。それは一人では感じることのできないものだった。

時間と仲間が、僕の不安や恐れを和らげてくれたのだ。

そうして、僕たちは目的地についた。元気で溌剌とした女性たちが、大騒ぎで僕たちを迎え､次々にあれを食べろこれを食べろと勧めてくれる。その明るさとパワーに僕は圧倒され、戸惑う。

ここだって、けっして何も起きなかった場所ではない。あの日、そして、あの日以降にもいろいろなできごとがあり、多くの悲しみが溢れた場所なのだ。

やがて、その時間が近づき、ほんの数人の地元の人と一緒に、僕たちは海に向かった。騒ぎ立てるわけでもなく、黙り込むわけでもなく、ただ何となく自然に世間話をしながら、僕たちはゆっくりと足を進めた。

あの日ではなく、その後に家族を海で亡くし、長く海へ向かうことを躊躇っていたという一人の女性も僕たちと一緒にいた。ついさっきまで、元気な笑顔を見せていたその人の頬に、ほんの少しだけ寂しそうな表情が浮かぶ。

小さな小さな入り江は本当に静かだった。波の音さえ聞こえず、係留中の漁船から、何かが軋む音がときおり聞こえて来るだけだった。漁船の上に、カモメが一羽とまっていた。

やがてその時が来た。

町内放送が流れたあと、サイレンの音が入江を囲む山にこだまして、静かな海へと消えて行く。

「あのときも同じサイレンが鳴っていたんです」かつて女川の高校生が僕に教えてくれた。「だから、つい思い出しちゃうんですよね」

そうやって彼らは、この日が来るたびに何度も何度も思い出し続けるのだろう。

それまで、どうするべきなのだろうかと、ずっとずっと迷っていたのに、いざその時が来ると僕は自然に目を閉じていた。知らない誰を悼むのではなく、今ここにいる彼女の心が安らいで欲しいと願った。そう思って目を閉じていた。サイレンの音が止んで、目を開けると日差しを受けてキラキラと輝く海面をカモメが横切った。ここへ来てよかったのだ。心の底からそう思った。

わずか数日の旅が人生を変えることなど、ほとんどない。それでも、いつか振り返ったときに、あのときに自分の中に芽生えた何かが、ほんの少しだけ自分の進む道を変えたのかも知れないと、あるいは自分自身の歩き方を変えたのかも知れないと、ふと気づくことがある。それが旅というものなのだろう。

いつだって旅は僕をリセットする。次々に起こる様々なできごとに翻弄されるうちに、僕の頭と体に染み付いた癖のようなものが取り除かれ、自分の中にある本質がむき出しになるような気がする。

「車で気仙沼まで」という今回の企画は終わった。けれども、旅そのものが終わることはない。むしろ、今日からまた新しい旅が一つ増えたのだ。

そうやって僕たちは、旅を増やしていく。
いくつもの旅を同時に生きていく。

もちろん簡単に言うことはできないけれども、もしかすると、あらゆる不安や恐れや痛みや悲しみは、いつかそれらを溶かしてくれるだけの時間と、仲間さえいれば、乗り越えられるのかも知れない。

旅は道連れだ。七年前、東北では多くの幸せが失われ、悲しみが溢れた。その傷は、まだ癒えてなどいないし、この先もけっして忘れられることなどない。

それでもいつか日常に溶けて行く日は来る。僕に時間を操ることはできないけれども、せめて、その日まで彼らの仲間でいることができれば嬉しく思う。

（初出　『ほぼ日刊イトイ新聞』「車で気仙沼まで行く。」
二〇一八年三月）

チンピラ

エッセイ集『どこでもない場所』用に書いたが、ページ数の関係で収録できなかったもの。

そのバーに入ったのは全くの偶然で、当時僕が担当していたバンドのレコーディングが終わったあと、打ち上げの二次会で立ち寄っただけだった。みんな酔っていて、誰もが大きな声を上げながら繁華街から一本裏通りにウロウロと流れ込んだところで、メンバーの一人が、ここに入りましょうと小さなビルの一階を指差した。

コンクリートがむき出しになった雑居ビルの外壁には鈍い鉛色をした金属製の扉と緑色のネオンサインが無造作に取りつけてあった。店の名前はもう覚えていない。細長い店内は薄暗くて、そして赤かった。天井からは、それほど煩くないエレクトロニカの流れる小さなスピーカーと、古い暗室にあるような赤い電球がいくつもぶら下がっていた。

店の細長さに合わせたように細長いテーブルがカウンターに平行して置かれていて、僕たちはそのテーブルに腰を落ち着かせることにした。黒い樹脂製のテーブルには妙な艶があって、天井からの赤い光がぼんやりと反射していた。

僕は打ち上げが苦手だ。どうして何かあるたびに宴席を設ける必要があるのかさっぱりわからない。煩い場所に大勢で集まること自体が苦手だし、それなりに気心の知れた人とでさえ、あまり長時間一緒にいるのは苦痛なのに、たまたまそのときに仕事で一緒になっただけの人たちと、仕事が終わったあともずっと一緒にいるのは本当に辛い。

それにたいていの場合、打ち上げでの話題のほとんどは終わったばかりの仕事の話が中心になるが、僕は終わった仕事に興味がない。これまで自分の手がけてきた仕事はCDにしても広告にしても、手元にはあまり残していないし、印刷される段階に至れば原稿用紙もシュレッダーに投げ込んでいる。パソコンの中に大量に溜まっていた写真のデータを眺めているうちに、今後これを見返すことはないと気づき、一気に消去したときには本当にすっきりした。どちらかといえば僕は物事をいつまでも考え込むタイプだが、仕事に関してはそういう面があって、なぜなのかは自分でもよくわからないけれど、たぶんある程度本気で関わると飽きてしまうのだろう。終わったばかりで今一番飽きている仕事の話を、ましてや酒の入った状態で同じ話を何度も繰り返し聴かされるなんて面倒くさくてしかたがない。もちろんプロジェクトやイベントが続いている間は僕だって拒否することはないけれど、それが終わればもうさっさと別れて帰りたいのです。

二十歳くらいのころに友人たちと劇団のようなことをしていた時期があって、一週間ほどの公演期間のあと、ようやく劇場を片づけ終わると僕たちはその場で解散していた。もちろん役者やスタッフたちの中には、それじゃあ一杯行きましょうかと飲み屋へ向かう者もいたし、ときおり僕も誘われたのだけれども、あくまでも各自のやることとで、劇団としては特に打ち上げなどやらなかったし、それはずいぶんと気持ちの良いものだった。

僕たちは芝居のために集まり、稽古をして本番を迎え、解散する。それ以外には会うこともない。また次に芝居をするときに集まればそれでいい。なんとなく合わないと感じた者は次第に参加しなくなり、やがて離れていく。そんな、必要なときに必要な者が集まるという関係が僕は好きだった。

テーブルの一番端の席に座って、僕はみんながメニューを覗き込む様子を眺めていた。さんざん飲んできて、もう充分に酔っているのだからこれ以上飲まなくてもいいようなものなのに、メンバーはまだまだ飲み足りないようだった。

ややこしい名前のカクテルをあれこれ注文して、再び大きな声で話を始める。

打ち上げそのものは面倒くさかったし、僕としては早く帰りたかったのだけれども、レコーディングが終わったことと、それを自分が最初から最後まで仕切ったのだという妙な満足感と充実感があって、それはそれで心地の良いものだった。わかりやすく言えば、僕は少し自惚れていたし、浮かれていたわけだ。

薄暗いのでメンバーの表情はよくわからなかったものの、声の調子からまだまだ元気が残っていることだけはわかった。

酒を飲む人と飲まない人が一緒にいるときの一番の問題は、この元気の残量だと思う。酒を飲む人はどういうわけかやたらと元気だ。こちらがもうヘトヘトになっているというのに、彼らは大声をあげ、笑い、次々に注文をする。そして、そうやってさんざん騒いだあと、突然スイッチが切れたように動きを止めるのだ。あれはいったい何なんだろうか。

動かなくなった彼らを何とかタクシーに押し込むのは酒を飲まない人たちで、なんだか不公平だし、酒を飲む人たちは、けっこうな確率でタクシーに押し込まれたことを覚えていないのだから質が悪い。せめてそれくらい覚えていて欲しいと思う。

「むあああ」という奇妙な声を上げて、ギタリストがいきなり大きく体を伸ばした。振り上げた腕がちょうど飲み物を持ってきた店員にぶつかり、お盆に載せられていたグラスが揺れた。倒れこそしなかったものの、グラスの飲み物は勢いよく飛び出してあたりを濡らした。

「おいおい」ギタリストは非難するような声を出した。「気をつけろよ」

「すみません」店員は慌てて頭を下げた。

「すぐに拭くものを持ってきます」そう言いながら何度も頭を下げる。

急に腕を伸ばしたのはこちら側なのだから、そこまでペコペコしなくてもいいじゃないかと思うのだが、こういう場合は店員が謝ることになっていて、その一方で腕を伸ばしたギタリストは、俺は悪くないとでも言いたげな雰囲気を全身から放っていた。

「すみませんね。酔っ払っていて」おしぼりを何本か持ってきた店員に向かって僕は言った。「あまり気にしなくていいですよ」

「いえ。本当に申しわけありません」

「いいですよ、謝らなくても。どうせ覚えていないんだから、その人」僕がそう言うと、みんなが一斉に笑った。何がそんなにおかしいのかはわからなかったが、ギタリストが一番大きな声を出して笑った。

薄暗く赤い光の中に店員の顔が浮かんだ。店員は笑っていなかった。

「あれ?」その顔に僕は見覚えがあった。

「岡本くん?」

「え?」店員がハッとしてこちらをまっすぐに見た。

それは大学の後輩だった。僕が学校を辞めたあと、しばらくして彼も辞めたとは聞いていたのだけれども、まさかバーの店員をやっているとは思わなかった。それにしてもずいぶんと雰囲気が変わっている。東北の小さな田舎町から上京した明るい青年は、数年会わない間に丸坊主になり、睨むような暗い目つきになっていた。「いま何やってるの？　なんだかチンピラみたいだな」僕はそう言った。何も考えることなく、ただそう言った。

岡本くんは顔を伏せ、しばらく黙ってからゆっくりと僕を見た。冷ややかな目だった。

「ええ。俺、チンピラですから」絞り出すような声でそう言うと、彼はスッとその場を離れて行った。そして、そのあと僕らのテーブルには女性の店員が注文を取りに来るようになった。明らかに岡本くんは僕を避けていて、それでも、ときおりこちらにチラチラと視線を向けていた。

僕もそれ以上岡本くんに話し掛けることはせず、むしろ、むきになったように彼を無視した。いつもなら黙ってぼんやり聞いているだけなのに、みんなの話に積極的に加わり、それほどおかしくもないことで笑った。笑いながら胃の奥に何か重いものが詰まったような気がしていた。余計なことを言ってしまった。悪いことを言ってしまった。そう思いながら彼を無視し続けた。

大学で一緒だった頃、岡本くんはものを書いたり映像をつくったりする人間になりたいと言っていた筈だ。大学を辞めたあとの彼に何があったのかはわからないけれども、少なくとも僕の知る限り、今ここにいる彼の姿は、かつての彼が望んでいた道を歩く姿ではなかった。

歳もそれほど変わらず、同じ時期に同じ場所で同じようなことに夢中になっていた僕と彼が、数年経って同じバーにいた。かたや何やら偉そうに語る客として。かたや客に謝る店員として。

あの日、バンドを引き連れて偉そうに語る僕を彼はどう思っただろう。浮かれて調子よくふるまう僕をどんなふうに見たのだろう。思い出すと今でも恥ずかしくてたまらない。

店を出て解散したあと、駅に向かう道の上で僕は彼の目を思い出していた。

「ええ。俺、チンピラですから」悔しそうにそう答えた彼の胸の内はどんなものだったのか。言葉としては肯定していても、あの目はそれを否定していた。あの冷たい目は、いい気になって平然と人を言葉で刺すような、傲慢で独り善がりな僕を咎めていたのではないだろうか。

ふとした弾みであの日の彼の目が頭の中に浮かぶことがある。それはあまりいい思い出ではないし、思い出すだけで心苦しくなる。それでも、気を抜けば僕は平気で他人を傷つける人間なのだということを自覚し続けるために、あの目をときどき思い出さなければならないと思っている。

解説

田中泰延

えーっと、その……あのですね、本来であれば、ここには田中泰延さんに書いていただいた解説文が載る予定だったのですが、あ、どうも浅生鴨です、こんにちは……、えー、そのですね、何と言いますか、予定がずれたというかミスがあったというか遅れたというか、とにかく原稿がまにあわなくなりまして、ここからの四ページに載せるものがなくなってしまったのであります、はい。

ところが本というのは印刷や製本の都合上ページの単位が決まっていて、急には四ページ減らしますなんてことはできないものだから、僕としても頭を抱えてしまったわけです。まあ半ば遊びでつくっている本だし、思い切って白紙のページにしちゃってもいいか、なんて思ってからよく考えてみると、もうそれって本文の中でやってしまっているじゃないか。いやあ、まいったなこりゃ。

田中さんには二冊ぶんの解説を頼んでいるんだけど、これ、もう一冊も白紙ってわけにいかないだろうしなあ。せめて「読んだ。」くらいの短い文章でもいいから、とりあえず何か書いてくれたら一冊目には「読ん」、二冊目には「だ。」って載せてごまかせるのに。

まあ、ぶつぶつ言ってもしかたがないので、田中さんの原稿の代わりに、あれこれ謎や突っ込みどころが多くて以前から気になっていた喫茶店「芝生」のメニューを載せることにします。

このメニュー、ほとんどの人は覚えていないと思うので、もし「あれ？　芝生のメニューって何があったっけ？」って、急に知りたくなるようなことがあったら、ぜひこのページを役立ててください。

【純喫茶「芝生」お品書き】

コーヒー	四〇〇円	サンドイッチ・たまご	六〇〇円
アイスコーヒー	四五〇円	サンドイッチ・ハム	六〇〇円
カフェーオーレー	四〇〇円	サンドイッチ・焼きハム	六五〇円

紅茶（ミルク・レモン）四〇〇円　ししゃも　三五〇円
アイスーティー　四五〇円　トースト　二五〇円
ココア　四〇〇円　チキンラーメン　二五〇円
シュガー　四五〇円　トースト・バター　三〇〇円
ミルク　四〇〇円　トーストサンド・エッグ　五五〇円
レモン　五五〇円　トーストサンド・たまご　六〇〇円
スカッシュ　五五〇円
クリームソー　……えっ、あ、電話？　田中さんから？　出る！　出ます‼

ここで、田中泰延さんから重要なお知らせがあります。

かいせつ、ごめん。

（青年失業家・コピーライター）

Special Thanks To

茂木直子
斉藤里香
藤井裕子

小笠原宏憲

ショウコさん

クロ
タマ
チョビ

ミケ

夜と夜中の間があればいいのに
その隙間でそっと眠るから

浅生 鴨（あそう・かも）
作家、企画者。1971 年、神戸市生まれ。たいていのことは苦手。
著書『アグニオン』（新潮社）、『猫たちの色メガネ』（角川書店）、『伴走者』（講談社）、『どこでもない場所』（左右社）他

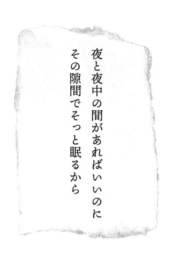

雑文御免《ざつぶんごめん》

neconos

二〇一九年　五月二十四日　初版第一刷発行
二〇一九年　六月二十五日　初版第二刷発行

著　者　浅生《あそう》　鴨《かも》

発行所　ネコノス合同会社
郵便番号一〇七－〇〇六二
東京都港区南青山二－一二－一四
電話　〇三－六八〇四－六〇〇一
FAX　〇三－六八〇〇－二一五〇

印刷・製本　シナノ印刷

定価はカバーに表示しています。

ISBN 978-4-9910614-0-0 C0195